図解でわかる!

はじめての
ラテラルシンキング

Lateral Thinking
天才たちの思考法

木村尚義
Naoyoshi Kimura

SOGO HOREI PUBLISHING CO., LTD

はじめに

本書で扱う思考法「ラテラルシンキング」は、古代バビロニアの時代から伝えられてきたものです。日本でいう「一休さんのトンチ」です。

ラテラルシンキングは、歴史の変革を乗り越える思考法なのです。「先が見えない」といわれている今日、世の中を生き抜いていくためには、こうした考えるためのツールが必要になります。

ここでひとつ、ラテラルシンキングのイメージを掴むためのクイズを出しましょう。

A子さんは女子大生です。大学に入ったら彼氏を作ろうと思っていましたが、ちょっとぽっちゃりしているせいか、なかなかできません。しかし、あるときから急にモテ始めました。なぜでしょう。答えは後ほどお伝えします。

私は「日本を発想大国にする」というスローガンを掲げて、地方自治体を始め、インフラから金融やＩＴまで幅広い業種の方々に向けて、全国で研修を実施しています。

受講者の中には、「柔軟な発想ができない」と嘆く方も多くいらっしゃいます。ところが、研修終了後は実に8割の方に効果が現れます。

頭の硬さを嘆いていたある受講者は、ラテラルシンキングを使って、仕事上の問題を解決しました。彼は仕事の勝算について上司に聞かれたとき、いつもこう答えていました。

「その仕事は難しいでしょう。90％の確率で失敗することを覚悟してください」

研修後は次のように伝えるようにしました。

「ぜひ、お任せ下さい！　私の全能力を持って対応させていただきます。ただし、難しい仕事なので、成功率は10％程度かもしれません」

どちらも同じことを言っていますが、成功したときの上司の捉え方が変わります。

「すごいな！　成功率はせいぜい10％と言っていたのにやったじゃないか！」

この受講者は、言い方を少し変えただけで仕事の評価が上がったそうです。

ラテラルシンキングは特殊能力ではありません。みなさんはすでに「能力」を持っていて、「方法」を知らないだけなのです。しかし、方法を知っただけでは意味がありません。何度も繰り返し実践しなければ身に付かないのです。さらに、実践には練習が必要です。練習を続けることで習慣化して、自然に使えるようになります。

そろそろ、先ほどのクイズの答えをお伝えしましょう。

実は、A子さんは、太っている女の子が好みの人が集まるコミュニティにアプローチしたのです。

化粧や服装、ダイエットなどで見た目を魅力的に変えれば、今より男性から声を掛けられるようになるかもしれません。しかし、時間もお金もかかります。なかなか効果が出ないと、途中であきらめてしまう可能性もあります。てっとりばやく「ふくよかな人が好き」「体型よりも性格重視」などのニーズがあるところで、好みの人にアピールした方が良いでしょう。

「ずるい考え方だ」と思いますか？　いいえ、そんなことはありません。

このように、今までの常識を破る思考法がラテラルシンキングなのです。

本書はラテラルシンキングのマスターを目的としています。

ただ、何かを身に付けるために地味にコツコツ努力するのも良いけれど、ときには楽しく簡単な方法を選んでも悪くないはずです。

本の中では、ラテラルシンキングの考え方を、ワークやクイズでわかりやすく、イラストと共に解説していきます。第１章ではラテラルシンキングについて、ロジカルシンキングと比較しながら説明していきます。第2章ではラテラルシンキングに必要な3つの力を鍛えるためのワークを用意しました。第3章~第6章は、実際のビジネスシーンなどを想定したクイズに挑戦していただきます。これらのワークやクイズに正解はありません。肩の力を抜いて、多様な考え方を楽しんでください。

それでは早速、ラテラルシンキングの世界を紹介しましょう。

CONTENTS

第2章

「前提を疑う」「抽象化」「セレンディピティ」の力を鍛えよう

CONTENTS

アイデアを発展させる「セレンディピティ」

第3章 実践！ ラテラルシンキングクイズ なぞなぞ編

CONTENTS

第4章

実践！ ラテラルシンキングクイズ

ビジネス発想編

第5章 実践! ラテラルシンキングクイズ ビジネス問題解決編

CONTENTS

装丁　藤塚尚子（e to kumi）
本文デザイン／イラスト　大口太郎
DTP／イラスト　横内俊彦
校正　池田研一

第1章

できる人はみんなやっている!?「ラテラルシンキング」とは

社会や時代を作ってきた「2つの思考法」

「イノベーションが起きない」の理由

大学生が会社訪問をするシーズンになると、みんなお揃いのスーツにビジネスシューズ、同じようなバッグを持って、街中を歩き回る姿を見かけるようになります。面接の受け答えも内容はあまり変わらず、「就活マニュアルを良く勉強してきたね」と言いたくなります。個性を光らせたばかりに、悪目立ちして人事担当者に落とされるよりは、周りと合わせておいた方が、安心だという心理なのかもしれません。

同じような現象は、大学生の就活だけに限りません。みなさんは最近テレビを見ていて、気付いたことはないでしょうか。テレビをつけると、街歩きやクイズ、バラエティ番組ばかりが流れていますよね。これは視聴率を取るために、ヒットした番組によく似たものを作り、放送しているからです。成功例を分析してお手本にし、同じように振る舞えば良いという考えなのです。

その結果、今はどの業界でも似たりよったりのサービスや商品が溢れています。このように、あるものを真似して大量生産しようという場合に、「ロジカルシンキング」という思考法が使われてきたのです。

そして、今ビジネスの世界では、「もうロジカルシンキングではイノベーションを起こせない」という声が聞かれるようになりました。

そもそも、ロジカルシンキングとはどんな思考法なのでしょうか。**ロジカルシンキングは、直訳すると論理的思考という意味で、簡単に言えば「筋道を立てて考えること」です**。具体的には、物事をいくつかのカテゴリーに分類して整理することです。

例えば、あなたが子どもたちと休みの日に映画館に行くとします。映画館では上映作品を、内容によって「アニメ」や「サスペンス」、「ホラー」などに分類していますよね。内容によって分けられているので、たくさんある作品の中から、「どれが親子で安心して見られる映画か」をすぐに判断することができるのです。

ロジカルシンキング＝物事を分類すること

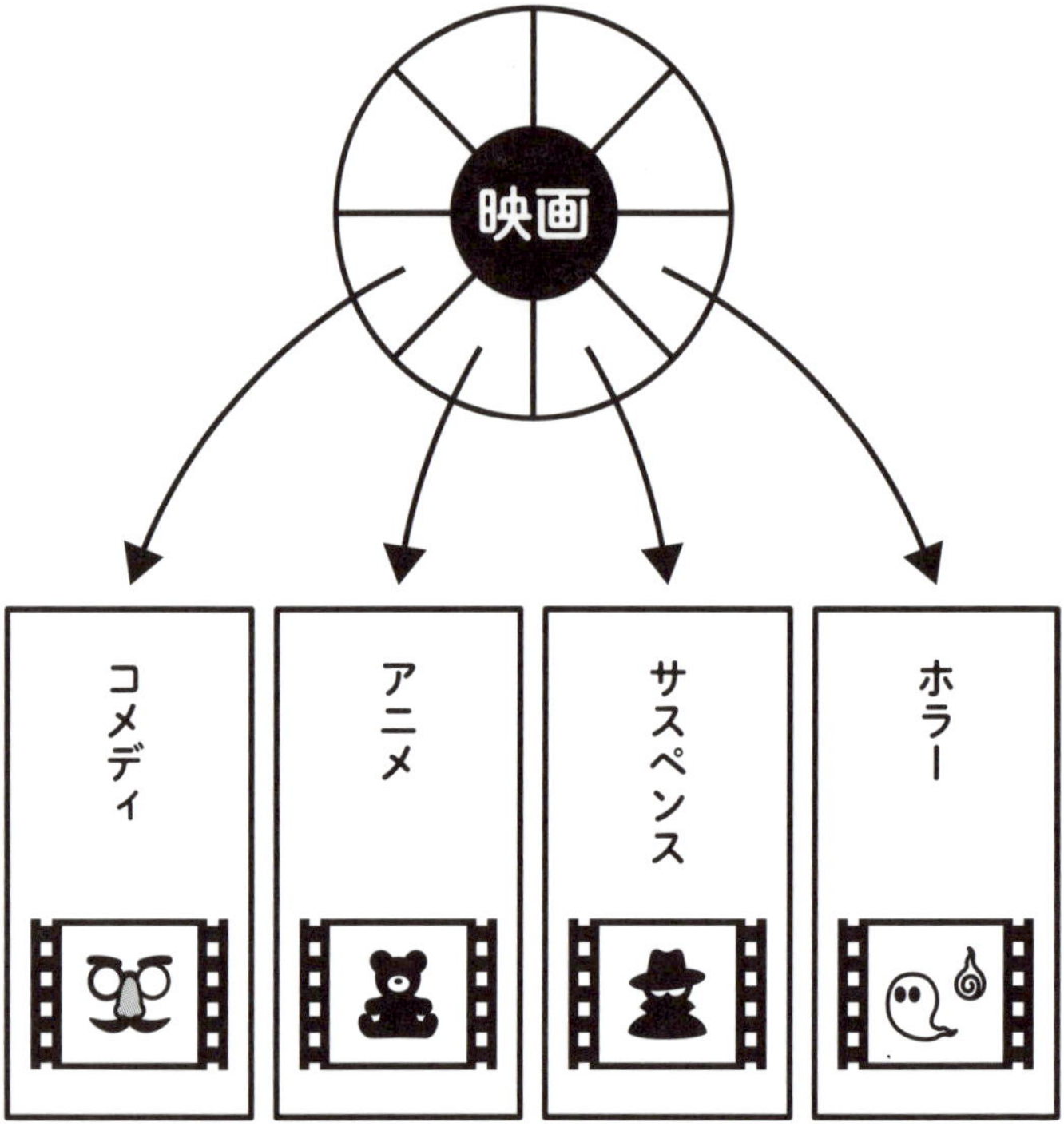

子どもにとって、サスペンスは難しいですし、ホラーは怖くて見ていられないだろうから、初めに選択肢から外して選ぶことができます。

ビジネスの場面では、必要な作業を分類することで、仕事を効率よく進める方法がわかります。作業内容を細かく分ければ、マニュアル化してそれぞれの能力に応じた仕事を任せることもできるのです。

例えば、あなたがおにぎり屋さんの店長だとします。アルバイトの方へおにぎりの作り方を教えるとき、漠然と「こうやってご飯をまるめて作るんだよ」と言うよりも、図のように必要な工程を分けた方が説明しやすいですよね。それに、この図があれば、手順を忘れても、後から見直すことができます。

分類によって頭の中を整理して、複雑なことも目に見える形にできれば、問題点を見つけやすくなり、作業の効率を上げることも可能になります。

このように、**物事をできるだけ最小の単位に分類して、余計なことを考えず効率的に進めるために行われてきたのが、ロジカルシンキングです**。

しかし、ここに落とし穴があります。一度「Aは○○である」と分類してしまうと、改めて違うカテゴリーに分類しにくくなってしまいます。つまり、「A＝○○」のイ

分類→手順化、見える化、効率化ができる

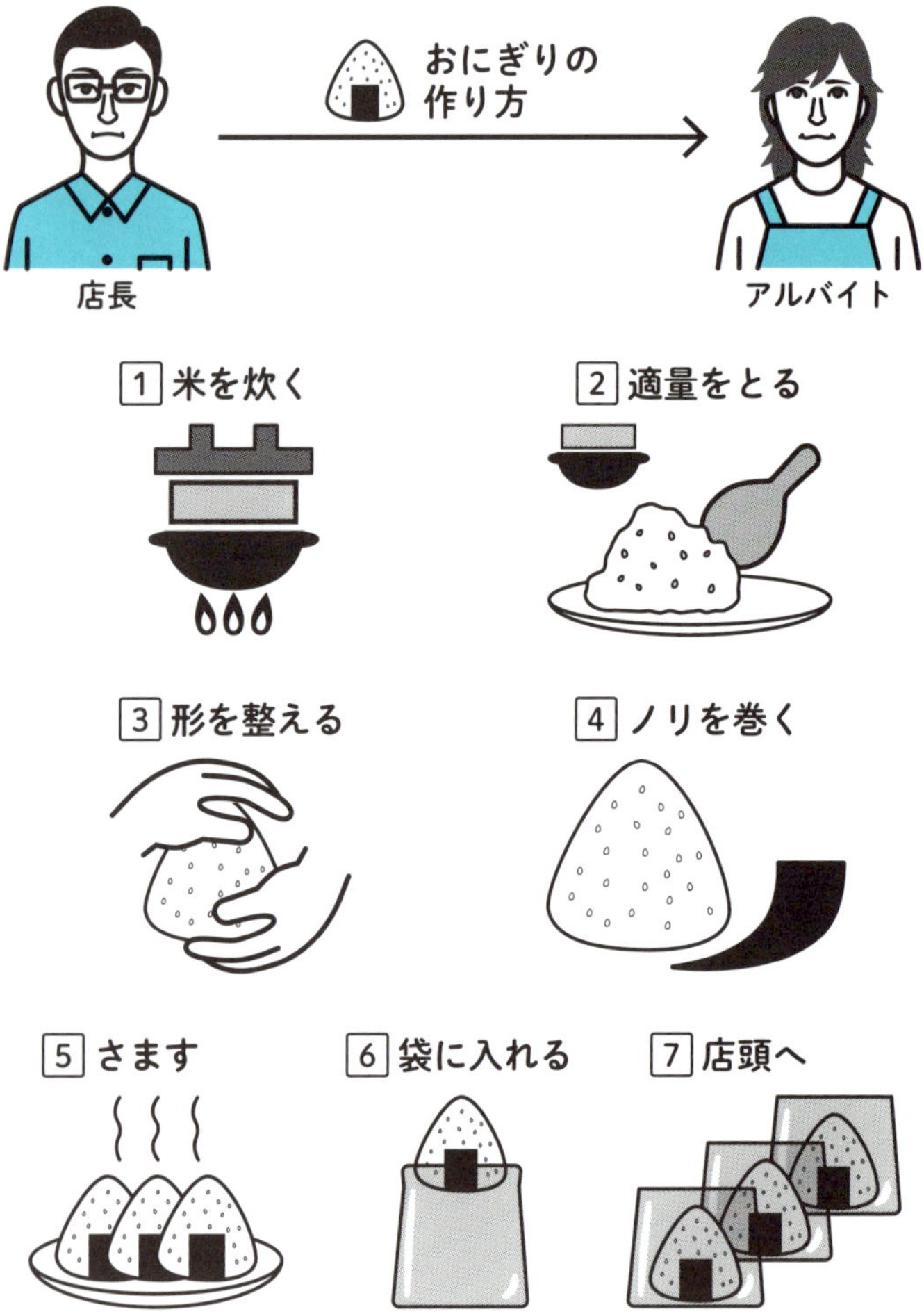

メージを覆すことが難しくなるのです。

物事のイメージが固まってしまうと、どんな弊害があるのでしょうか。

この弊害を示す例として、心理学者カール・ドゥンカーによって１９４０年代に考案された、有名な「ロウソク問題」があります。ドゥンカーは被験者に、ロウソクと画鋲《がびょう》とマッチが入っている箱を渡して、コルク製の壁にロウソクを立てるように言いました。

すると、ほとんどの被験者は画鋲を使ってロウソクを壁にくっ付けようとしたのです。ロウソクに火を付けて、ロウで壁に付けようとする人もいますがうまくいきません。

ここで発想を変えて、箱を道具の「入れ物」ではなく、燭台という「道具」として捉えてみましょう。つまり、ロウソクと画鋲とマッチと「箱」、４つの道具を使うのです。そうすると、箱を画鋲で壁に留めて、ロウソクを立てることができます。ロウが溶けて下にたれることもありません。これは、「箱＝入れ物」というカテゴリーから自由にならない限り、解けない問題なのです。

ビジネスの現場でも、このような考え方は必要です。

新潟県三条市にあるアーネスト株式会社では、ノリを切る専用ハサミを販売していどうやって壁にロウソクを立てる？

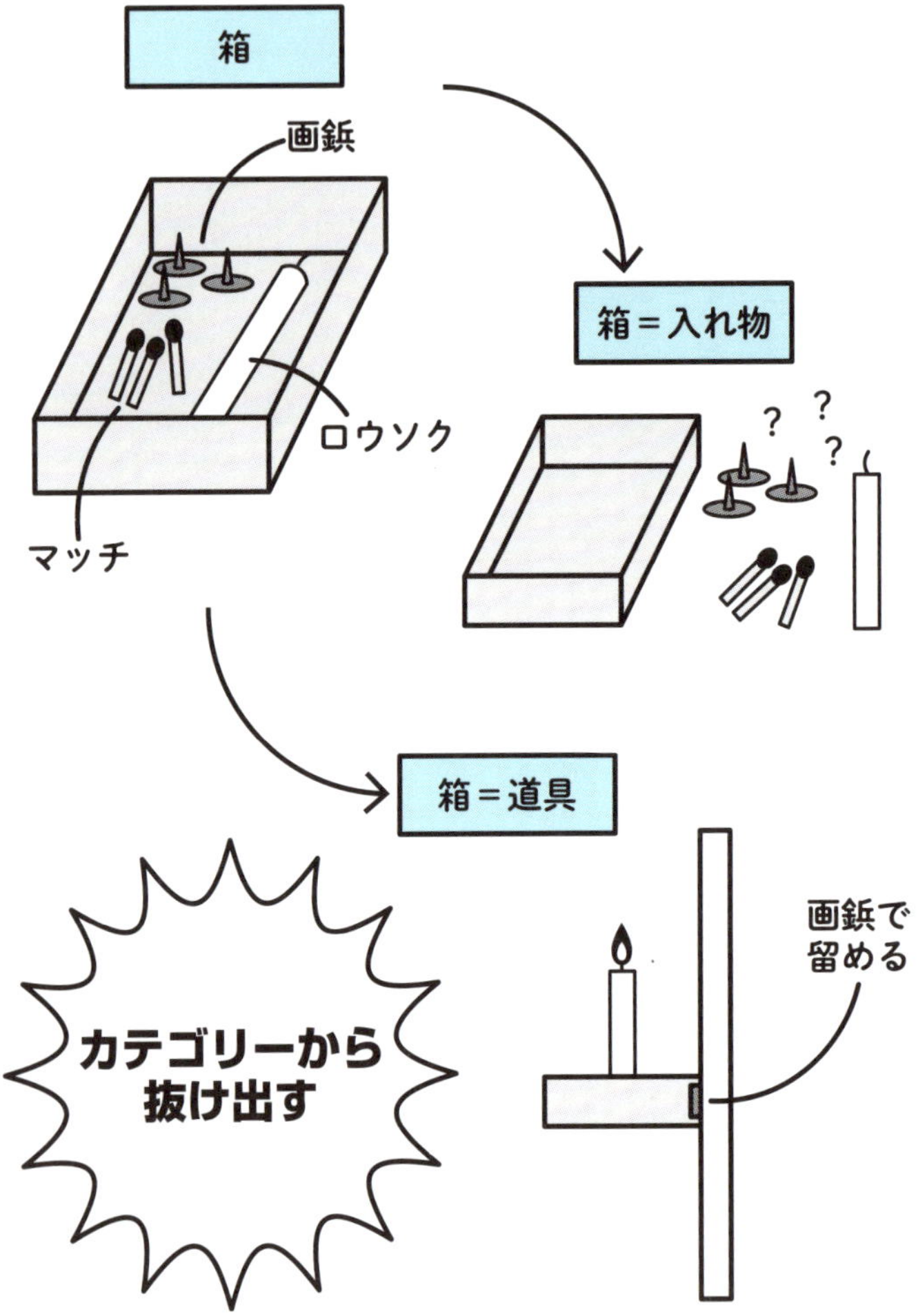

ました。複数枚の刃によって、一度に刻みノリが作れるのです。もともとは業務用、そば屋など飲食店向けのものでした。

あるとき、ノリが一気に細かく切れる様子から、このはさみが「シュレッダー」としても使えることに気付きました。そこで、「秘密を守りきります！」という商品名にして販売したところ、百万本のヒット商品となりました。

はさみ自体には手を加えず、名前だけを変えたのです。ノリ切りばさみのままだと、必要とする人が限られているので、販売数は頭打ちになってしまったでしょう。カテゴリーを「業務用調理器具」から「文房具」としたことで、一般人にまで対象を広げることができました。

つまり、**何か問題を解決したり、これまでにない新しいアイデアを生み出したりする際には、ロジカルシンキングによって物事をキレイに分類するだけでは足りないのです**。むしろ「分類」が邪魔になってしまう場合があります。

そこで、分類の壁を超えて発想するための解決策として、ラテラルシンキングが注目されています。

物事を純粋に眺める「水平思考」とは

それでは、近年注目されている「ラテラルシンキング」とはどんな思考法なのでしょうか。

先ほどのロウソク問題においては、ロジカルシンキングでは「箱＝入れ物」であると考えて、他の3つの道具の使い方を深掘りしました。ラテラルシンキングでは、箱に入れ物以外の役割がないかと考えて、解決策を考えていきます。

このように、ロジカルシンキングは、物事をひとつの側面から掘り下げて考えるので、「垂直思考」とも言います。ラテラルシンキングの場合は、物事をさまざまな視点から捉えるので、「水平思考」とも言います。

つまり、**ラテラルシンキングでは、物事を「多視点」で眺めます**。「多視点」とはある物事に対して、感想などを交えず、ありのままを見て受け入れることです。多角視点（多角的、多面的視点など）と似ていますが、少し異なります。

多角視点はある物事について、専門知識をもとに観察したり分析したりする方法で

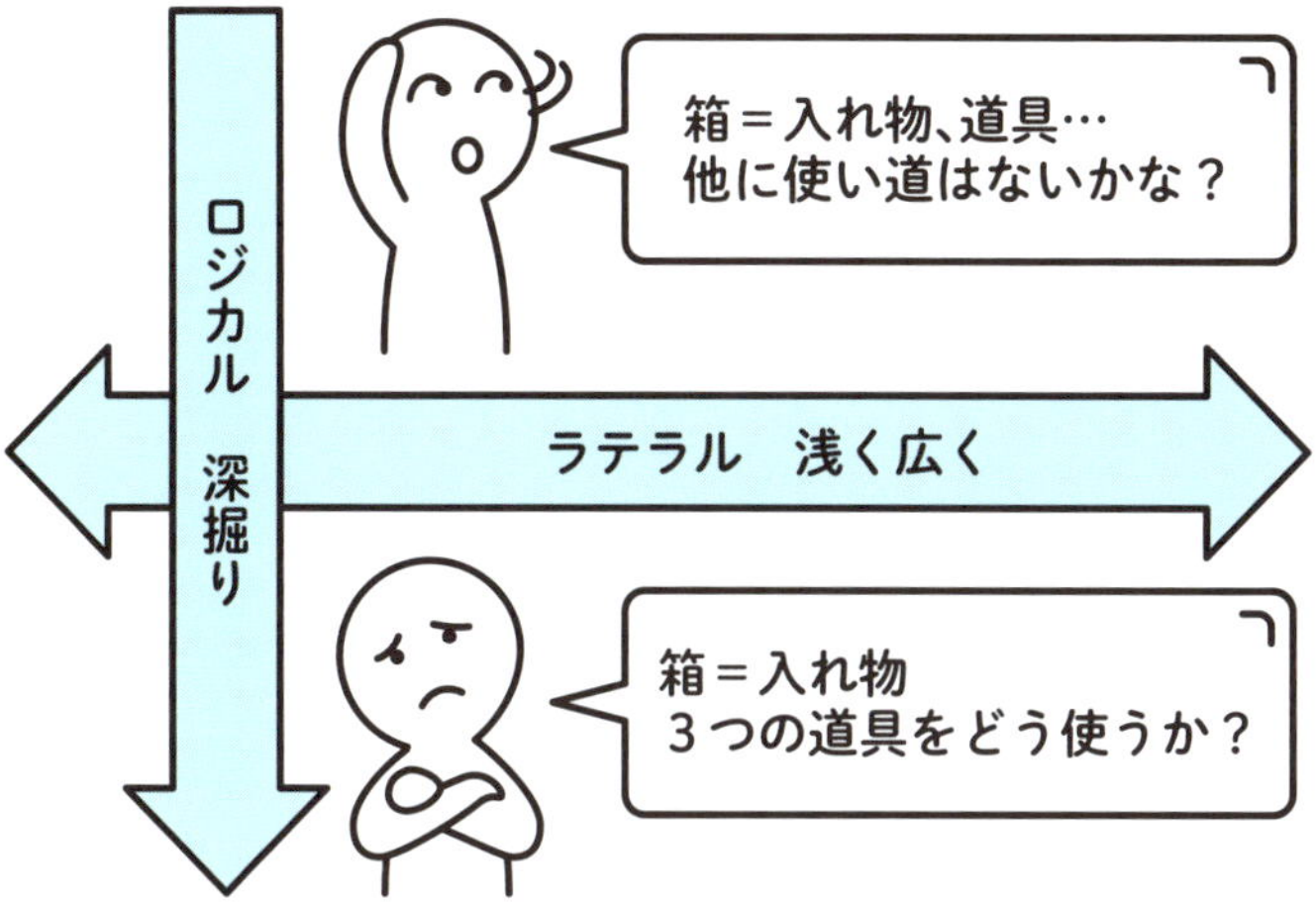
箱＝入れ物、道具…
他に使い道はないかな？
ロジカル　深掘り
ラテラル　浅く広く
箱＝入れ物
3つの道具をどう使うか？

す。常識や前提をもとに考えたり、関係者の立場になって考えたり、個人的な意見や感想を持ったりすることも、多角視点になります。デメリットは、意見や感想を持つことで、「印象」というフィルターが掛かり、物事の本質が見えなくなってしまう可能性があることです。

例えば、暗闇から怖いものが飛び出してくるホラー映画を見た後は、「暗闇」に「恐怖」というフィルターが掛かってしまい、夜になると暗いところから何かが飛び出してきそうに思えて、トイレに行くのが怖くなるわけです。

ここで、多視点と多角視点の違いがよくわかるクイズを紹介しましょう。次のクイ

経験によって、物事に「印象」が付く

ズは、多角視点が得意な人ほど間違えやすい問題です。

設問：次の10項目をすべてよく読んでから問題を解いてください。

❶ 7個のリンゴを３人で公平に分けるには？
❷ 夜中の３時に玄関のベルを押す訪問者。寝室にいるあなたが最初に開けるのは何か？（ヒント、ドアよりも前に開けるのは？）
❸ 日本で人気の「カラオケ」。英語では何と言うか？
❹ 英語で幽霊はゴースト。ではカッパを英語では何と言うか？
❺ 直径70センチのタイヤがある。１回転すると何センチ進むか？
❺ 北極から赤道までの１万分の１の長さが１キロメートルだという。そんな数値がピッタリになる偶然がありうるのだろうか？
❼ １円玉と１万円札はどちらが重いか？
❽ ここまでの問題で誤りはいくつあったか？

❾ 1から8までの問題で、「で」は何個出現したか?
❿ 1から9までは完全に無視して「ラテラル」とつぶやく。1から9まで1問でも答えたら誤りとします。

いかがでしょうか。設問に「10項目をすべてよく読んでから」と書いてあるのに、最初の問題を読んだときに、つい答えたくなりましたね。

「すべてよく読んで」と注意されても、最初から解いてしまう。この習慣は、今までテストや試験を受ける際に、身に付けてきた常識です。

多角視点は、前提や知識、常識を重視します。だから、「すべてよく読んでから」という状況の説明があっても大して気にも留めず、無視してしまうのです。**多視点があれば、素直に状況の変化をそのまま受け入れて行動することができます。**

「ロジカル」の限界は「ラテラル」で超える

ここまで読むと、「ラテラルシンキングの方が優秀で、ロジカルシンキングは必要ないのか」と思う方もいるのではないでしょうか。それは違います。ラテラルシンキングとロジカルシンキングはどちらも必要なのです。

先ほども述べましたが、ロジカルシンキングは少ない手間で、同じものを作り上げるには最適です。ロジカルシンキングによって生み出された仕組みとして、「フレームワーク」があります。フレームワークとは、「誰でも同じ結果を得られる」手段や方法のことです。

身近にあるものとしては、「三角定規」です。フリーハンドで描くと、人によって大きさや形がバラバラの三角形になってしまいます。ですが、三角定規を使えば、楽に全く同じものが描けますよね。誰でも同じ大きさと形の三角形を何個でも描けるわけです。三角定規というフレーム（枠）を使って、ワークをする（描く）のでフレームワークと呼ぶのです。

報告書の基本としてよくいわれる「５Ｗ１Ｈ」もフレームワークの一種です。伝えたいことを「誰が」「どこで」「いつ」「何のため」「どのように」「何をした」のカテゴリー別に、当てはめるだけで完成します。情報がまとめられていれば、聞く人も話を理解しやすくなります。

フレームワーク

三角定規　誰でも同じものが作れる

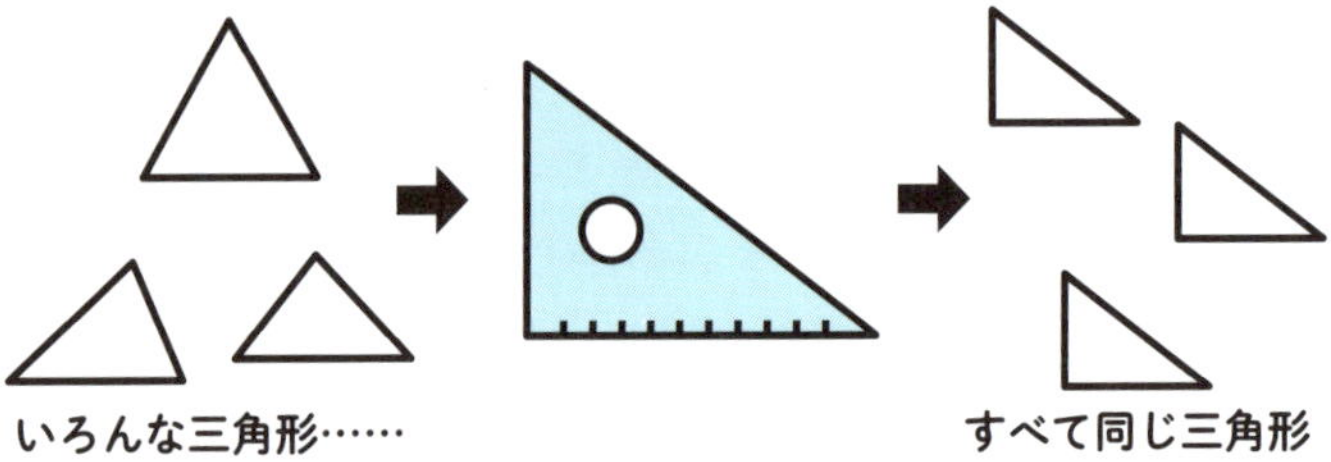

5W1H　情報が正しく伝わる

他に、スマホの電話帳も初めから自動的に「五〇音順」に分類されていますね。

このように学校で教えられたり、生活の中に組み込まれていたりして、私たちは日常でも気付かないうちにロジカルシンキングのフレームワークを使っているのです。

ただ、その結果として、先ほどのロウソク問題のように、物事の新たな可能性を見いだせなくなることもあります。さらに、必ずしもすべての物事を明確に分類できるとは限りません。新しい概念や前例がないものは、何をどのカテゴリーに分類すべきか判断が難しいでしょう。

そんなときはラテラルシンキングで、物事をさまざまな視点で捉えて、別のカテゴリーに当てはめてみたり、今までにないものと組み合わせてみたりすることが、突破口になります。

問題解決や新しいアイデアを生み出すためには、状況に合わせてロジカルシンキングとラテラルシンキングをシーソーのように交互に繰り返しながら、考えを深めていくことが必要なのです。

トーマス・エジソンは、電球を実用化するために1万回の実験を繰り返したといわれています。エジソンはひとつの素材を改良するのでなく、この世にあるすべての素

アイデアはロジカルとラテラルの繰り返しで生まれる

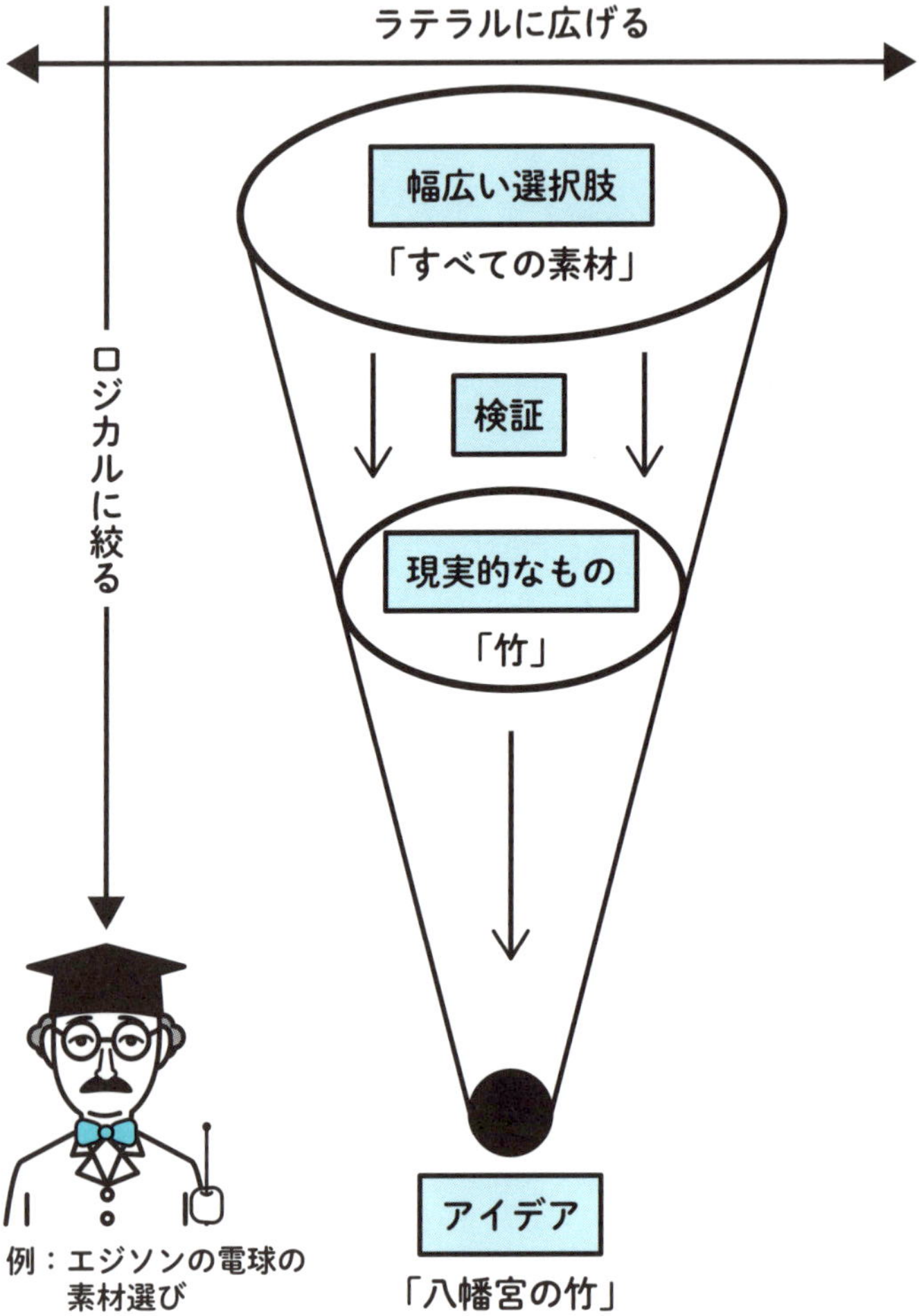

材を試そうと考えたのです。研究員を使って世界中から効率よく素材を集めさせ、手当り次第に試しました。

その中で竹が良さそうだとわかると、今度は１２００種類の竹を集めて実験します。そして、１万回に及ぶ実験の末に、京都の八幡宮の竹が最適だという結論に達したのです。

ビジネスの現場では、アイデアを形にしていく過程で、ひとつの問題を解決してもすぐに別の問題が現れます。そのたびに、ラテラルシンキングで、アイデアを幅広くたくさん出す必要があります。ただ、無限に広げるだけでは収集がつかなくなってしまいます。

そこでロジカルシンキングで、実現可能なものに絞っていきます。幅広いアイデアを分類して分析し、予算や実行しやすさ、効果などを考えるのです。これなら、あるアイデアを試した結果が思わしくなくても、次々と別のアイデアを試すことができます。

ラテラルシンキングに必要な「3つの力」

ポイントはたったこれだけ！

ここまで読まれた方は、ラテラルシンキングに興味が湧いてきたのではないでしょうか。ですが、「まだやり方がよくわからない」と感じていると思います。この後は、ラテラルシンキングの具体的な方法をお伝えします。

私は、ラテラルシンキングをマスターする方法を30年以上研究し、セミナーや研修を通してお伝えしています。その結果、ラテラルシンキングで物事を考える際には、主に次の3つの力が大切だということがわかりました。

ラテラルシンキングに必要な３つの力

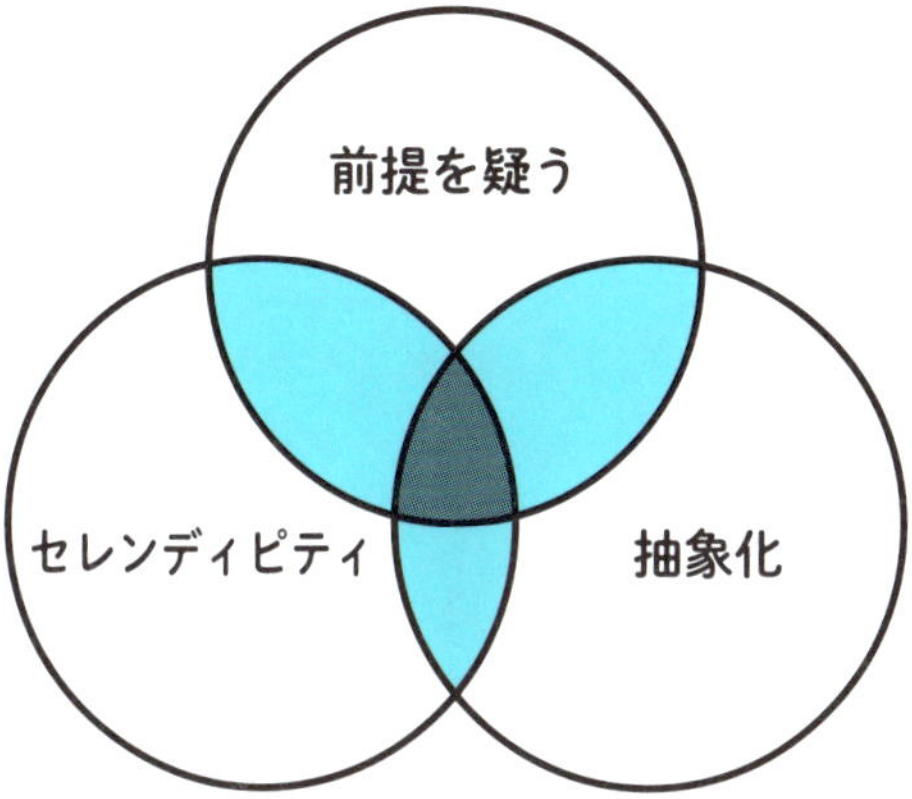

❶ **前提を疑う**
❷ **抽象化**
❸ **セレンディピティ**

３つの力がちょうどよく合わさると、良いアイデアが生まれます。**３つの力は同時に使うこともあれば、ひとつだけ使うこともあります。状況に応じて適切なものを使用することが大切なのです。**

この３つの力は、特別なものではありません。練習すればできるようになります。３つの力をマスターすれば、あなたもラテラルシンキングを使えるようになるのです。

次からはそれぞれの力について説明します。

常に「子どもの目」で見ることを意識する

ひとつ目の前提を疑うとは、**「今までの定義はこれからも通用するのか」と考えることです**。ご自身の子どもの頃を思い出してみてください。子どもは見るものや体験することすべてが初めてなので、物事に対して、「A＝○○である」という既成概念を持っていません。だから、先入観なしに、素直に物事を見ることができるのです。ですが、大人になるに従ってさまざまな経験をします。そして、それらの実体験に基づいて対象を分類したり、分析したりするようになります。

「本は読むもの」「ご飯は箸で食べるもの」というように、無意識に「A＝○○というもの、○○をするためのもの」と限定してしまうのです。これが前提というものです。

「若いうちは頭が柔らかい」と言われるのは、経験が浅く、「A＝○○」のように物事の設定が定まっていないため、既存のイメージに捉われない考え方ができるからなのです。

前提は学習によって強化されます。1960年代後半にラテラルシンキングの効用

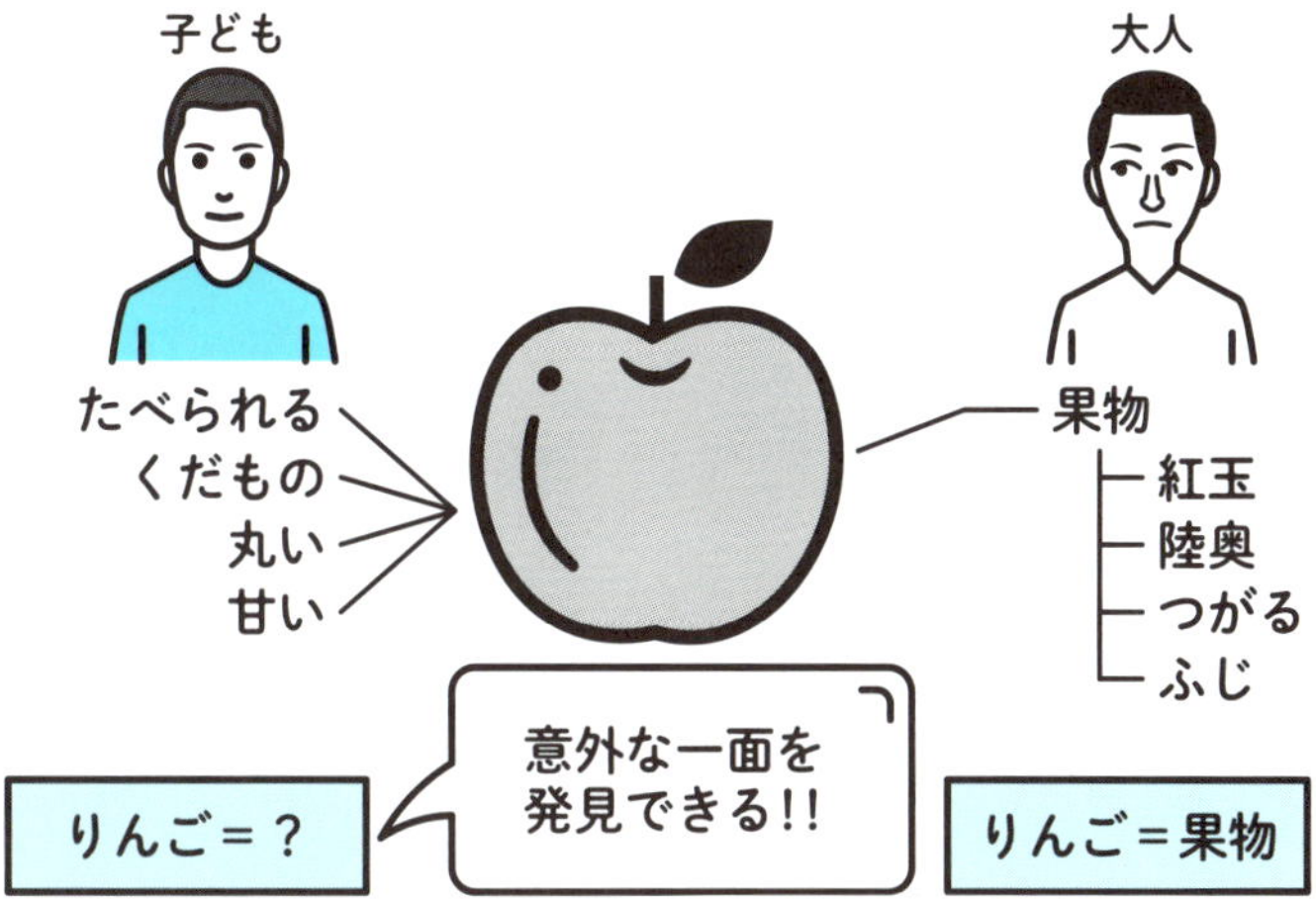

を説いた、心理学者エドワード・デボノは「バター」に例えて説明しています。

バターに熱いお湯を垂らすと、熱で溶けて溝ができます。さらにお湯を流し続けると、溝はどんどん深くなります。

学習もこれと同じで、学びを重ねていくほどに知識が増えて理解が深まります。ある分野について専門家になるほど、知識や理解という溝が深くなるのです。関連する問題について日頃からよく考えているので、詳しい解説をすることができます。

ところが、知識や理解が深くなればなるほど、「A＝○○」の前提から容易に抜け出せなくなるという一面があるのです。つまり、前提という溝にもはまってしまってい

深く学ぶと
前提から
抜け出せない
広く浅く学んで
前提から抜け出すための
「溝」を作る

る状態です。

この状態から抜け出すためには、浅くて良いのでさまざまな分野について広く学び、溝をたくさん作る必要があります。**新しい前提を知ることで、既存の知識や前提を超えて、新しいアイデアを出すことができるのです。**

アフリカでは蚊を媒介する伝染病が問題になっていました。そこで、伝染病を運ぶ蚊を撲滅しようと考えました。しかし、該当の地域には蚊の繁殖に適したヤブがたくさんあり、すべて撤去するには膨大な費用と時間がかかってしまいます。

ちょうどその頃、アフリカ問題を話し合う国際会議が日本で開かれました。そして、ヤブ蚊の問題が議題に上った際に、日本で古くから使われている蚊帳が紹介され、現地で使用したところ、伝染病の予防に役立ったのです。

害虫退治の専門家は、蚊の視点で「蚊が生存できないようにするには」ということばかり考えていました。しかし、「蚊がいても刺されないようにするには」という、人間の視点に立つと、誰でもすぐできる対策を思い付くことができたのです。

「何の役に立つのか」深く考える

２つ目の抽象化とは、**「物事の本質は何か」を考えること**です。この場合の本質とは、「物事の本当の目的」です。

「傘」を例にして考えてみましょう。傘の目的は「ふせぐ」「さえぎる」です。雨傘は濡れないように雨粒、日傘は日焼けしないように太陽光を「ふせぎ」「さえぎり」ます。

さらに、抽象化は、共通の目的を持つ物事を見つける能力でもあります。「ふせぐ」「さえぎる」ものを広く探していけば、帽子も同じ用途を持っていると気付くことができるでしょう。解釈を広げていけば、服や家も同じものと考えられるかもしれません。

物事の本質を見抜き、似ているものを多く見つけることができれば、今までにない組み合わせやアイデアを生み出すきっかけになります。

ビジネスで活用されている例として、ある女性アイドルグループを挙げましょう。秋元《あきもと》康《やすし》氏は2005年に50名前後の若い女性のアイドルグループ「AKB48」をプロデュースしました。

AKB48は抽象化すると、成長過程にある「未成熟な人間の集まり」と言えるでしょう。そこで、同じく発達段階の子どもたちが集まる「学校」の制度と結び付けたのです。

まず、「チームA」「チームB」など学級

のような仕組みを取り入れて、お互い切磋琢磨するようにしています。プロモーションに参加できるかどうかは選挙で決まります。元からいたメンバーが卒業することで、常に新鮮なメンバーを取り入れる仕組みもあります。メンバーは在籍中に活動を通してテレビ業界を勉強できるので、卒業後は次のステージとしてアナウンサーや女優業を目指すことも可能です。

目の前のことを素通りさせない「キャッチ力」

３つ目のセレンディピティとは、**偶然の出来事や目に入ってくるニュースなどの情報を、「今ある問題と関係付けられるのでは？」「何か別のことに利用できないだろうか」と考える力**です。

セレンディピティによって成功した、ある事例を紹介します。トラックに雑貨を積んで移動販売をしていた矢野博丈《やのひろたけ》氏の話です。ある日、彼は商品を出しているときに、「これいくら？」とお客さまに聞かれました。伝票を見て値付けするのも煩わしいので、とっさに「１００円でええよ」と答えました。すると、別のお客さまからも聞かれて、

アイデアのかけ算を考える

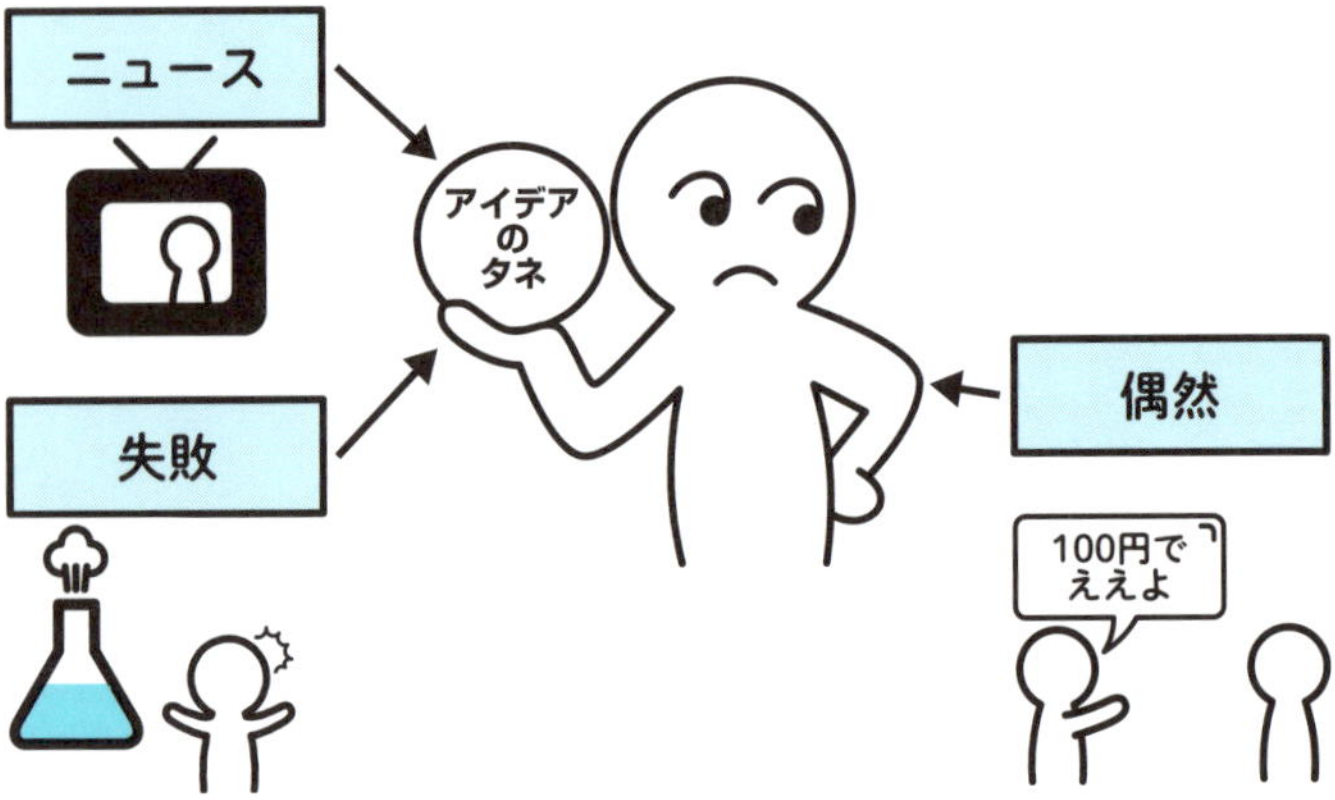

結局全部１００円にしました。

すべて同じ値段にしておけば、個数を数えるだけで簡単に精算できるから楽です。それに、お客さまも「１００円なら」と、いろいろ買ってくれるようになりました。実はこの「１００円でええよ」の一言から、１００円ショップ「ダイソー」というビジネスのアイデアが生まれたのです。

この例から、アイデアは突然降ってくるもののように感じるかもしれません。

しかし、実際は違います。**ラテラルシンキングができる人は、常にその問題について考えています**。通勤中や移動中でも「何かヒントになるものはないかな？」と探して、どんな小さなことでも貪欲に利用しようとしているのです。だから、目に留まったものが組み合わさり、形になっていくのです。

３つの力をビジネスでフル活用しよう

アイデアが形になるまで、3つの力は実際どのように使われているのでしょうか。ビジネスの成功例から見てみましょう。

岡山県の「桃太郎」というブランドトマトがあります。大きさや甘さなど、一定の基準を満たすものだけが、桃太郎として出荷されるのです。とはいえ、自然を相手に育てているので、中には基準に満たないトマトもできてしまいます。捨てるのも忍びなく、潰してトマトジュースやトマトペーストに加工して販売していました。ただ、出荷価格が大幅に下がってしまうという問題があったのです。

そこで、缶詰加工をしている角南《すなみ》製造所《せいぞうじょ》は、まず「トマトは潰して加工するもの」という前提を疑います。なんとか潰さずに加工できる方法がないかと考えたのです。

そして、果実が丸ごと入った缶詰からヒントを得ます。「トマトも果物と同じく甘いものだ」と抽象化して、サイズが基準よりほんの少し小さいために不合格になってしまったトマトを、潰さずに丸ごとゼリーにすることを思い付きました。名付けて「完熟トマトゼリー」です。

ですが、トマトが丸ごと入る透明な容器がなかなか見つかりません。なんとか探し出した容器は、ゼリーとしては最大サイズのものでした。この「特大容器との出会い」というセレンディピティから、「堂々と『大きなゼリー』と名乗れる」と考えたのです。

しかし、実はトマトを潰さないように加工するには、高度な技術が必要でした。そのため、どうしても価格は500円ほどになってしまいます。地元のスーパーなどで売るゼリーとしては高価格です。

そのとき、六本木ミッドタウンの名産フェアへ出品するチャンスが訪れました。そして、たまたま昼食のお弁当を探していたOLの目に留まったのです。東京都の一等地でランチをしたら、平気で1000円くらいはかかってしまいます。ですが、安く済ませたくてもおにぎりやパンだけではわびしいし、女性としては栄養バランスにも気を遣いたいところでしょう。そこで、サラダ代わりにこのトマトゼリーを加えると、ちょっと豪華なランチに変身するのです。たちまち発信力の強いOLたちの間で話題になり、人気が出ました（これらの偶然もセレンディピティと言えるでしょう）。

初めは潰して加工され、ただのジュースとして販売されていたトマトは、今では高級名産品として全国で売られるようになっています。

このように、**大抵は前提を疑うところから始まり、本質を問いながらさまざまな組み合わせを探しているうちに、セレンディピティに巡り合い、アイデアが形になっていくことが多いのです。**

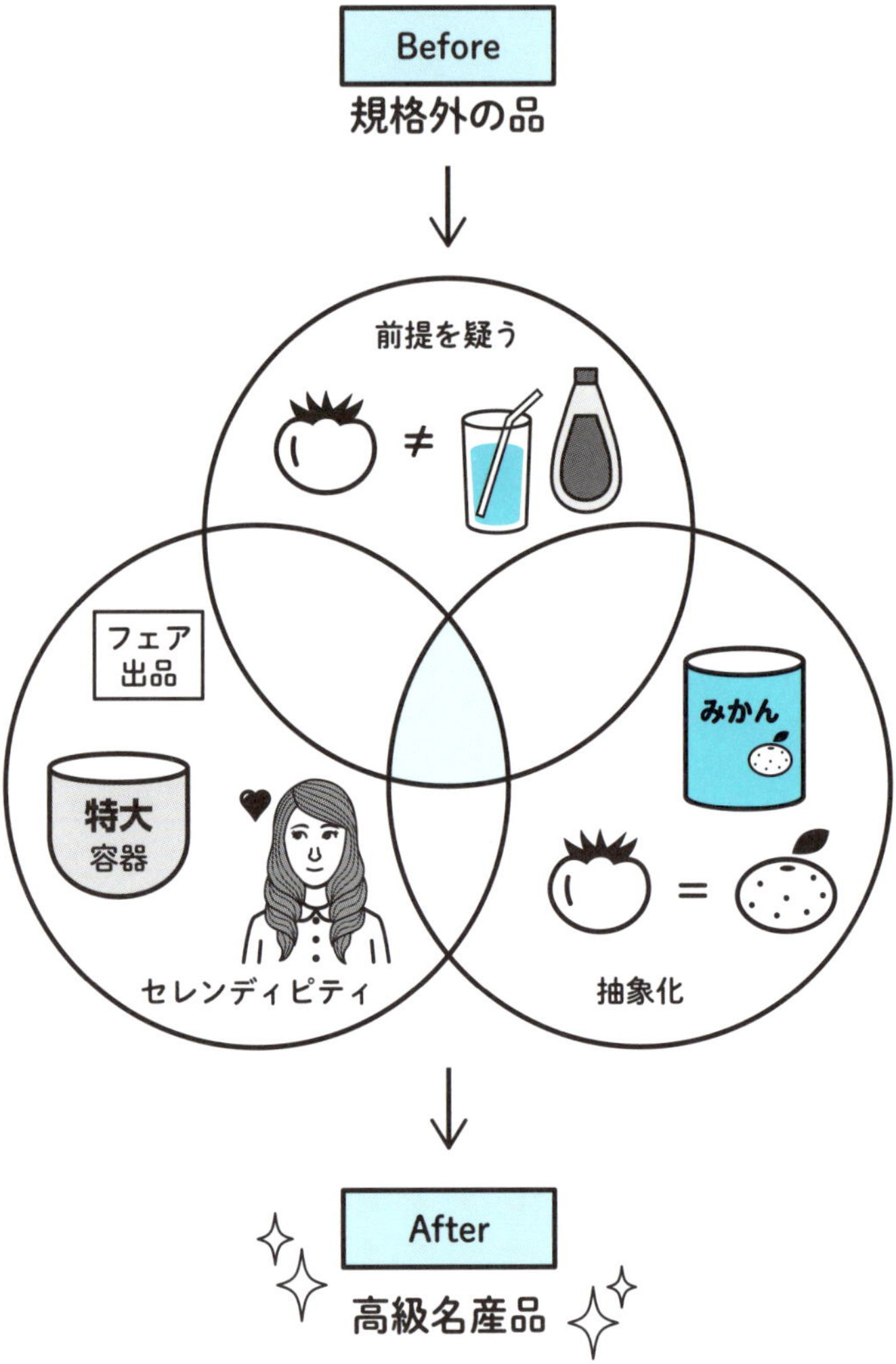
Before
規格外の品
前提を疑う
≠
フェア
出品
特大
容器
セレンディピティ
みかん
=
抽象化
After
高級名産品

こんなに使える！「ラテラルシンキング」活用シーン

スピーディーな変化に対応

私が携わっている社会人研修の業界では、いまだにロジカルシンキングが大人気です。実際書店に行くと、ロジカルシンキングコーナーがよく目に留まります。しかし、最近ロジカルシンキングによる弊害が目立ってきたように思います。

例えば、みなさんが何らかの手続きで市役所に行ったら、「窓口が違います」と言われ、あちこちたらい回しにされた経験はないでしょうか。また、電話で問い合わせた際に、「○○についてお問い合わせの方は○番を押してください」という音声が何度も流れて、うんざりしたことがあるのではないでしょうか。

行政や大手企業はロジカルシンキングの塊です。「縦割り行政」というように、数多ある仕事を細かく分類して、各部署に分けて対応しています。だから、その部署の仕事に当てはまらないと、「ウチの部署じゃない」とたらい回しにされてしまうのです。業務内容だけでなく、報連相や意思決定のプロセスなどもすべてマニュアルがあり、詳細まで決まっています。

ロジカルシンキングは、その分類が環境に合っている間はうまく物事が進みます。しかし、一度分類すると、そのカテゴリーに固執してしまう傾向があるので、変化に弱いところがあるのです。

今、世の中はさまざまな要因で変わってきています。また、変化のスピードも速くなっています。ラテラルシンキングは、そんな時代の変革期に有効な考え方です。

アパレルの場合で考えてみましょう。昔は映画『ALWAYS 三丁目の夕日』のように、ものが少ない時代でした。登場人物たちはテレビを買うために、服に穴が開いたらふさいだり、継ぎはぎしたりしてやりくりします。あの時代から高度成長が始まり、大量生産の時代になりました。工場の生産ラインというフレームワークに沿って、役割毎に全員が同じ作業をすれば、効率よくものが作れます。

しかし、半世紀も経つと、今度はものが余るようになりました。皮肉にもロジカルにムダを省いたことで、効率的に大量にムダなものを作ってしまったのです。

昭和の頃は大事に着ていた洋服も、今では安く購入できるようになりました。だから、つい買い過ぎてしまう。流行が過ぎたら着られないけど、捨てるのはもったいない。売りたくてもフリーマーケットなどに出店するのは面倒です。

そうした心情をセレンディピティの力で捉えて、「何かできないか」と考えた人がいたわけです。そして、「インターネットオークションで十分だ」という前提を疑い、スマホの普及のこともふまえて、「もっと簡単に出品できるアプリを作ろう」と思い付いたのでしょう。さらに、抽象化の力で「中古であっても、服は見た目が重要」という本質を見抜き、「いかに映える画像を載せるか」が大切なインスタグラムの流行と合わせて、写真中心のフリマアプリを考えたのです。

今はフリマアプリで売ることを見越して服を買う人や、服はリアル店舗で買わずにフリマアプリで手に入れるという人もいますね。

このように、**ラテラルシンキングは時代に合わせて、人々のライフスタイルを変えるアイデアを生み出すことができるのです。**

ラテラルでライフスタイルが変わる

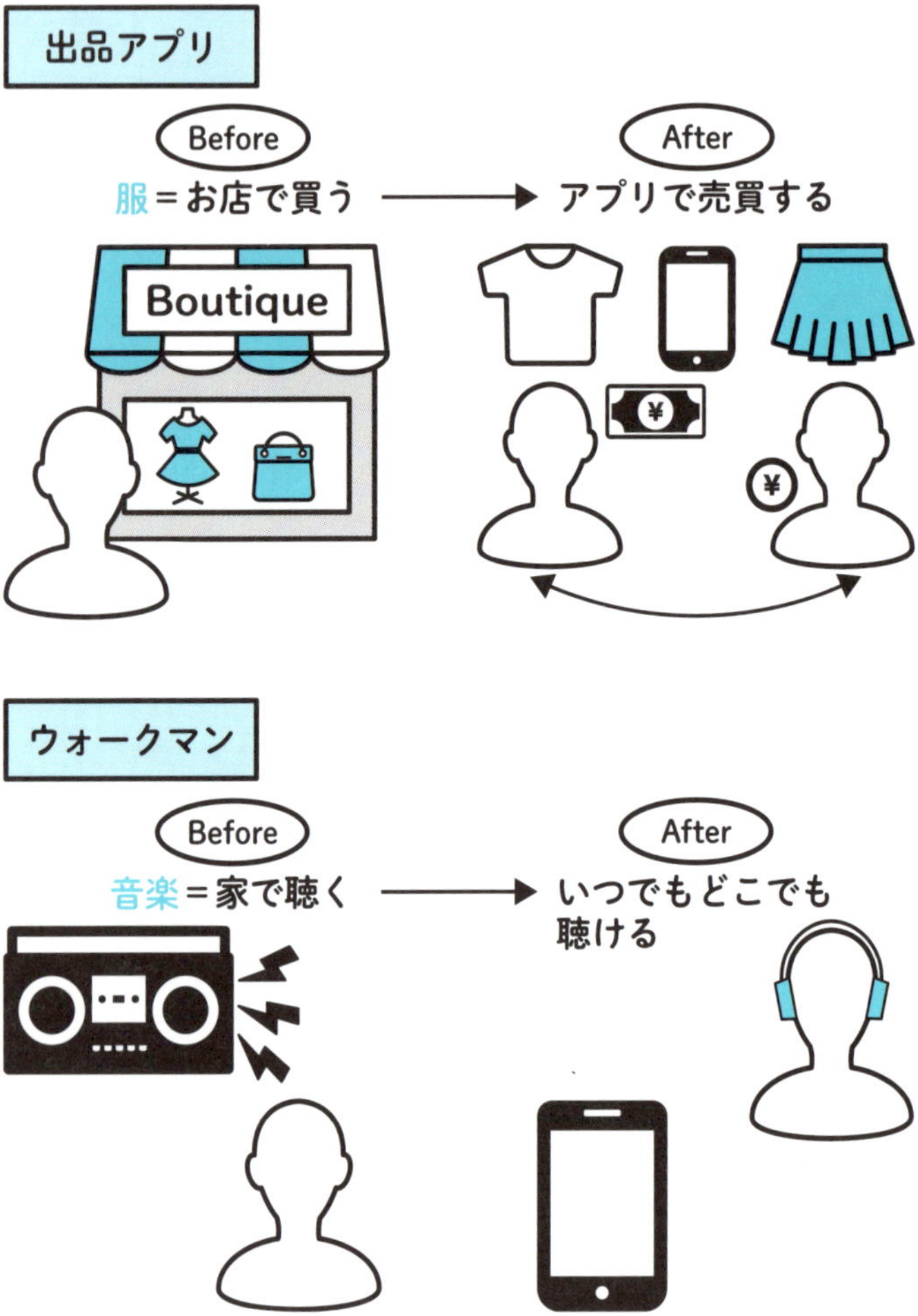

「問題解決力」や「問題発見力」も身に付く

ラテラルシンキングは、「発想力」を鍛えるなどとよくいわれますが、それだけでなく、他にもビジネスで必要な「問題発見力」や「問題解決力」も身に付けることができます。なぜなら、**ラテラルシンキングの第一歩は、身の回りの小さな不満や不快を素直に感じることだからです**。嫌なことは「問題」のタネなのです。

例えば、「満員電車」です。初めは嫌でも、我慢していると次第に慣れて、それほど不快ではなくなります。でも、本当に不快感がなくなるわけではなく、気付かないふりをしているだけです。何でも我慢していると、次第に不満や不快に気付かなくなってしまいます。すると、問題そのものに気付きにくくなるのです。当然、解決策を考える機会もなくなります。

まず、「満員電車はそんなものだ」という前提を疑ってみましょう。どうすれば不満を解消できるかを考えるのです。満員電車でも快適に過ごすにはどうしたら良いでしょうか。多くの人は音楽を聞いたりスマホを見たりして過ごしていますね。

さらに発想を広げて、そもそも電車に乗らないようにするにはどうするかも考えてみます。すると、在宅勤務を選んだり、会社の近くに住んだり、いっそのこと転職したりするなどさまざまな案が出てくるはずです。こういう**身近な問題をラテラルシンキングで考える習慣を付けることで、ビジネスシーンで大きな問題を解決できるようになるでしょう**。

ラテラルシンキングで、問題発見力を発揮したビジネスの例を挙げましょう。

ベティ・ネスミス・グラハムは銀行で秘書として働いていました。しかし、不器用でタイプミスばかり。当時1950年代、書類作成はタイプライターで行っていました。ワープロと違い、一度ミスをすればまるまる一枚打ち直しになります。

ベティはこの「間違えたら打ち直し」という前提を何とかできないだろうかと考えました。もともと画家志望だった彼女は、「書類＝キャンパス」と抽象化して、調合した自宅の絵具を間違った文字に塗ってみたのです。すると、タイプミスを巧く隠すことができました。秘書仲間にも使ってもらったところ、とても評判でした。このセレンディピティから「こんなに評判ならいっそのこと売ってみよう」と考え、ベティは品質を改良して「リキッドペーパー」と名付けました。

ラテラルは問題解決の幅を広げる

こうして、不器用だからこそ問題に気付いたベティの「修正液」は、世界中で売られるようになったのです。

ビジネスだけじゃない！　あらゆる場面で役立つ

ラテラルシンキングの第一歩は前提を疑うことです。しかし、私たちは自分の中や社会にある前提になかなか気付けないものです。

なぜなら、私たちはそもそも学校の教育、特に受験で素早く正しい答えを要求されてきたからです。とりわけ、マークシート式の試験ともなると、選択肢以外の答えは認められません。このような経験の繰り返しによって、「何事にも正しい答えがあるはずだ」と思い込んでしまっているのです。そして、この思考のクセは、私たちの中で強固な前提となっていきます。

私は、「必ず答えがあるはずだ」という考えを「答えはひとつ症候群」と呼んでいます。誰かが考えた答えを選ばされているということに気付かないのです。そして、間違うこと、選択肢以外の答えを選ぶことを恐れてしまいます。「マークシートは複数選択もあるじゃないか」などと言う人は、まさにその典型でしょう。

学校のテストではひとつの回答が求められても、日常生活やビジネスにおいて、誰かが決めた答えなどは存在しません。答えがいくつもある場合もあるし、答え自体がないこともあります。

答えがないなら、いくつかの案の中からベターなものを採用すれば良いのです。ベターなものをいくつ組み合わせても構わないわけです。もし、失敗したとしてもだめな方法を発見できたのですから、骨折り損ではありません。

「間違い」という概念を捨てて、恐れずにさまざまなアイデアを出していくことが、ラテラルシンキングなのです。

この章の締めくくりとして、エピソードをひとつ紹介します。

パソコンが普及してきた頃、ある総務部門の社員から相談されたことがあります。彼女はパソコン操作に長けていて、とりわけショートカットという、マウスを使わずにキーボードのみで行う操作が得意でした。

ところが、あるとき、上司からマウスを使えと厳命されました。どうやら上司がパソコン教室で知恵をつけてきたらしいのです。マウスを使えばパソコンは簡単に操作

いろんな場面で使える
職場の問題
「マウスを使え！
日常の不便
サイフをどこに置いたっけ？」

できるから、仕事が早くなるという持論を押し付けてきたそうです。

どうしたら、上司に「ショートカットはマウスよりも早い」と納得させることができるでしょうか。

まず彼女は、「上司は説得できない」という前提を疑い、考えてみることにしました。ちょうど12月頃で、総務部は社内の打ち上げパーティの余興を検討することになっていました。このセレンディピティを逃さず、彼女は日頃のパソコンスキルを発揮できる「パソコン操作大会」を提案したのです。「マウスよりショートカットの方が有能である」と説得することを「実力を競う大会」へ抽象化したわけです。それまで会社を上げてパソコン導入を推進してきたので、社長の許可もおりてすんなり決まりました。

そして当日、もちろん彼女が優勝しました。それからは、上司もマウスを使えとは言わなくなったそうです。

彼女からは、「上司にショートカットを認められて、優勝賞品も手にすることができるとは思わなかった。そんな解決策を思い付くことができる考え方があると知って、人生がラクになった」と感想をいただきました。

第2章

「前提を疑う」「抽象化」「セレンディピティ」の力を鍛えよう

3つの力をモノにするには

意識しなくてもできるようになろう

家を出てから、「鍵をかけたかな？」とどうも記憶が曖昧で、心配になって戻ってみると、ちゃんと鍵がかかっていたという経験はありませんか。私たちは何度も同じ動作を繰り返していると、自然と体に染み付いて、無意識でもできるようになります。ラテラルシンキングなどの思考法も同じです。やり方を知っているだけではだめなのです。**何度も繰り返し練習して無意識にできるようにしておかなければ、いざというときに使えません**。この章の目的は、ラテラルシンキングを無意識に使えるようになることです。そのためのトレーニングを用意しました。

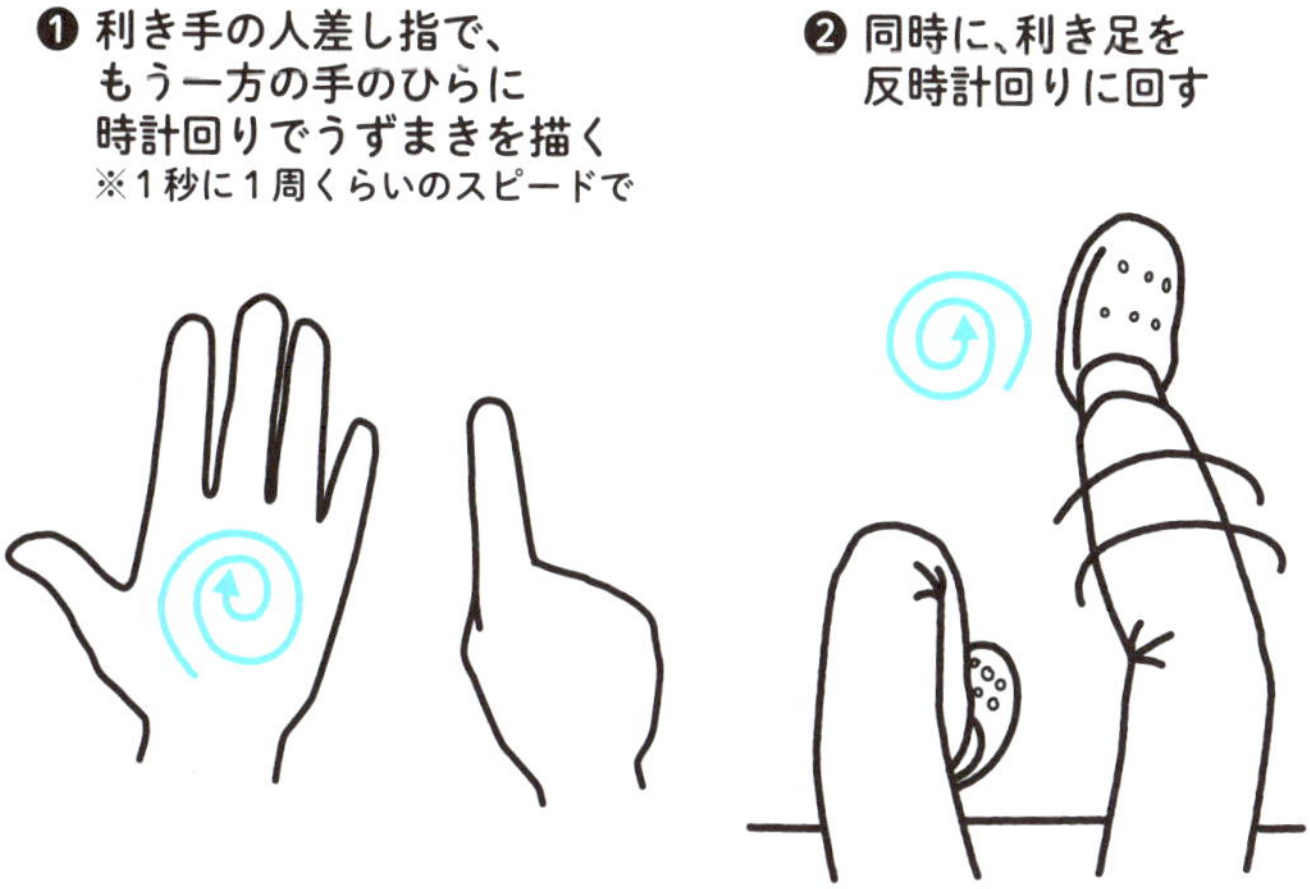
❶ 利き手の人差し指で、もう一方の手のひらに時計回りでうずまきを描く
※１秒に１周くらいのスピードで
❷ 同時に、利き足を反時計回りに回す

それでも、「練習は面倒だ」「やり方さえわかれば良い」と思っている方、まずは、頭の血の巡りを良くするためも、実際に問題を解く前の準備体操だけでもやってみませんか。体操といっても、椅子に座ってできます。オフィスでもカフェでも自宅でも、どこでも大丈夫です。次の図のステップに沿ってやってみてください。

いかがでしたか。②になると混乱しましたね。実は誰でもこうなります。手足を同時に動かすと、不思議なことにどちらも同じ方向に回してしまうのです。これは無意識に「手足を同じ方向に回す」という動作が身に付いてしまっているからです。ですが、練習すれば手足をそれぞれ別の方向に回すことができるようになります。ラテラルシンキングも意識的に繰り返して習慣化することで、記憶が曖昧でも意識しなくても、必要な状況で自然にアイデアが浮かんでくるようになります。

アイデアは偶然の産物ではありません。**ラテラルシンキングを活用すれば、普段の自分ではとても考えつかないようなアイデアを生み出す力をモノにできます**。第2章のワークを通して、「信じられないすごいアイデアが出た！」という体験をしてください。

驚きのアイデアを生み出すコツ

この章では、ワークを通して、ラテラルシンキングに必要な3つの力を伸ばします。練習は一人でできるものから、家庭や会社などのグループで使えるものも用意しました。一人の練習に慣れたら、どなたか相手を見つけてやってみてください。

練習を繰り返すことによって、質の高いアイデアを引き出すことができるようになります。クローゼットにさまざまな服があれば、多彩な組み合わせで質の高いコーディネートができるのに似ています。毎日少しずつでも、ラテラルシンキングを実践していけば、頭の引き出しが増えて、最終的にあなたの考える力を大きく伸ばすことになるでしょう。

アイデアの大家であるジェームス・W・ヤングが、著書『アイデアのつくり方』（今井茂雄訳／竹内均解説　CCCメディアハウス　1988年　P28）の中で「アイデアとは既存の要素の新しい組み合わせ以外の何ものでもない」と述べています。

では、アイデアのもととなる「既存の要素」を増やすためにはどうしたら良いか。それは、**誰かと会話すること**です。環境や経験の違いが、異なる思考を生み出しています。会話の中から、可能な限り相手の知識を引き出して、自分の情報量を大きく増やしましょう。すると、集めた情報の中から、思わぬ組み合わせが生まれます。つまり、「既存の要素の組み合わせ」のバリエーションが、爆発的に増えるのです。

そのため、この章のワークは複数人で行うとより効果的です。グループで練習するには5人くらいが適当です。10人いるなら、2つのグループに分けて対抗戦にしても良いでしょう。

ワークを進めていくときに、ひとつ注意点があります。対話中のアイデアは、電車

会話＝体験・記憶の共有

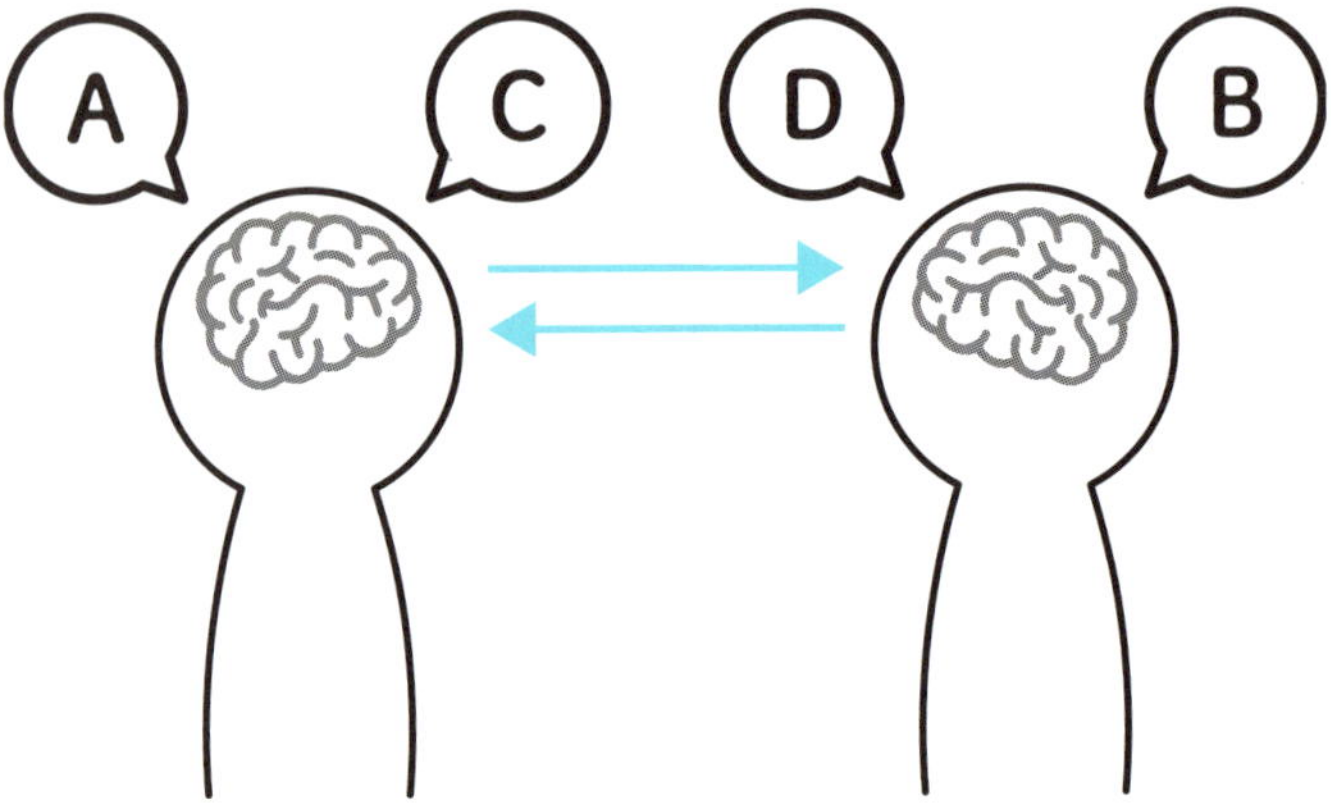

から見える街角の看板のように、一瞬のうちに消えてしまいます。**すぐに書き留められるように、少なくともＡ４以上の大きめの紙を用意します**。

このとき完璧にまとめて書こうとすると、意識がそちらに集中してしまい、「アレ？何を書こうとしていたのかな？」と忘れてしまいます。忘れないように書くことが目的なので、キレイに書こうとしなくて大丈夫です。なぐり書きで構いません。とにかく「残す」ことが大切です。

まずは「前提を疑う」練習から

「真っ白な心」で観察しよう

ある兄弟が経営するレストランでは、たくさんあったメニューをなくして、たった2つに絞りました。「早くて安くて美味しい」という商売に特化したのです。それまでは、「いかに豊富なメニューでお客さまのリクエストに応じるか」がレストランのウリでしたから、全くの常識外れです。それでも評判が評判を生み、世界有数の飲食店となりました。

このお店を経営する兄弟の名前はマクドナルド。商品はハンバーガーとチーズバーガーのみ、付け合わせはフライドポテトだけです。皿もなくして、紙に包んだままパクつくスタイルにしました。「レストランはゆっくりくつろぐ場」という前提を疑い、「いち早く空腹を満たせる店」として人気になったのです。

私たちは、学校や社会の中でさまざまな知識を身に付けます。そうして得た知識はいつの間にか物事の前提として、無意識のうちに考えたり行動したりする際の基準になります。すると、「なぜ自分がそうしているのか」という理由がわからなくなってしまうことがあるのです。

また、人は経験を重ねるうちに、「自分らしさ」や「こうあるべきだ」という価値観を身に付けます。頭が柔らかい人は、時代や環境に合わなくなった部分はいかようにも変化させることができます。一方、頭の固い人は変化を受け入れられず、自分の価値観を守ろうとして、変化を拒否したり反発したりします。

ラテラルシンキングを活用するためには、まず前提を知らない「子ども心」を思い出すことが必要です。**子どもになりきって、大人の社会の前提や常識を知る前の、「くもりのない視点」で物事を隅々まで見通します**。素直な心を思い出して、当たり前と思われることに、「なぜ？」と問いかける練習をしてください。

とはいえ、大人のみなさんにはなかなか難しいと思いますので、初めは素直な心を取り戻すために、ちょっとバカバカしい練習も用意しました。一見、ふまじめに思えるかもしれません。しかし、大人になるにつれて忘れてしまった「バカバカしい」ことに、真剣に取り組むとブレイクスルーが起こるのです。

なぜなら、**イノベーションは、「こんな考え方は恥ずかしい」「人前ではとても言えない」というような発想から始まります**。

エドワード・デボノも「ラテラルシンキングにユーモアは大いに歓迎」とのことですから、ふまじめな練習にまじめに取り組んでください。

1 課題

何して遊んでた？ ――一人

子ども心を思い出す練習です。「周りにどう思われるか気にしない」「知らないことを怖がらない」といった、何事にも恥ずかしさがなかった頃の自分を思い出して、心の鎧を外します。そうすれば、恥を知らない自分から、新しいアイデアをもらえるようになります。

やり方

子どもの頃よくしていた「遊び」を思い出しましょう。どんな名称でどのようなルールだったのか、そのときの匂いや気温など五感で感じたことも、できるだけ思い出してください。

詳しく思い出せたら、再現してください。人形遊び、おままごと、なんとかレンジャーごっこなど。歌ったり踊ったり、変身ポーズなどは大声で真似します。人に見られると困るときは、カラオケルームなどを利用してください。

過去の自分＝記憶と対話しよう

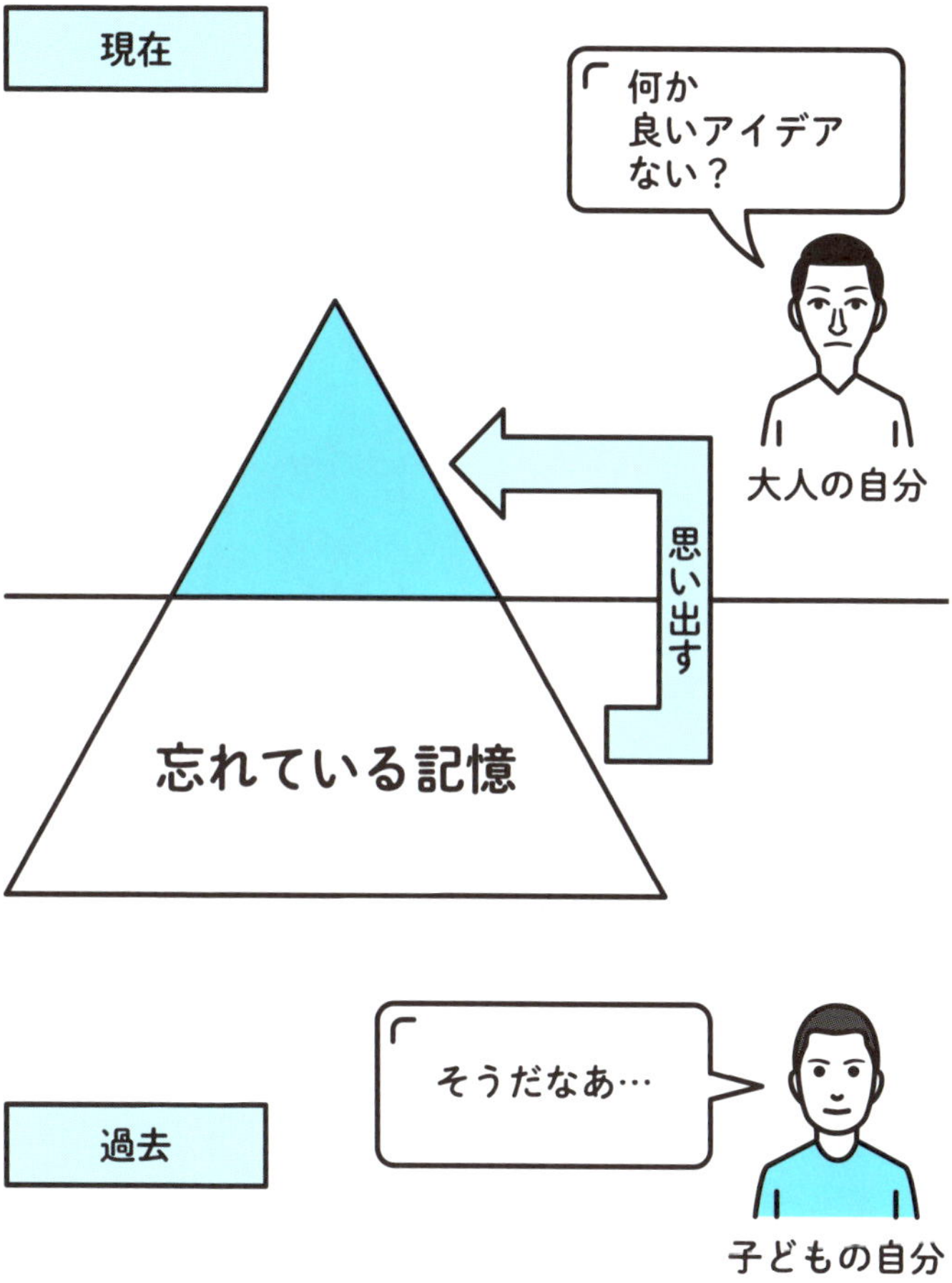

2
課題

「だが、それがいい」

一人またはグループ

これは強制的に物事の新しい意味を探す練習です。一見良くないと思われることでも、「それがいい」と口に出すと、頭は勝手に「良い」理由を探し始めます。物事を「悪い」と捉えているのは、それを見ている人の心です。物事には良いも悪いもなく事実があるだけなのです。視点を変えれば、「アバタもエクボ」に変わります。

やり方

「悪い」と思われるようなものを挙げてから、「だがそれがいい」と言い切り、何が良いのかを考えて説明します。

解答例

「出力の遅いプリンタ」↓「だが、それがいい」↓なぜなら、印刷前に誤字脱字のチェックを入念にするようになったし、印刷している間に休憩することもできる。

見方を変えて新しい面を探そう

出力の遅いプリンタ
↓
「だが、それがいい」
↓
？

うるさい上司
↓
「だが、それがいい」
↓
？

まずいコーヒー
↓
「だが、それがいい」
↓
？

3
課題

良いこと探し

一人またはグループ

日本人は褒めることが苦手なようです。つまり、褒めようとするだけで、いつもと違う考え方をしていることになります。事業の創業者は良いこと探しの達人です。普通の人が気付かない、ほんの些細な良いことを探して事業化しているのです。何気ない日常や人間関係の中にも、良いことを見つけるようにしましょう。

やり方

相手の名前を呼んで、些細なことでも良いので、良いところを褒めながら、ボールを投げるふりをします。呼ばれた人は「受け取りました！」と、ボールをキャッチしたふりをします。キャッチするふりをした人は、同様に次の人にボールを投げる動作をします。一人の場合は、会社の人、よく行くお店の人、友人など周りの人を書き出して、良いところを考えてみましょう。

さまざま視点で良いところを探そう

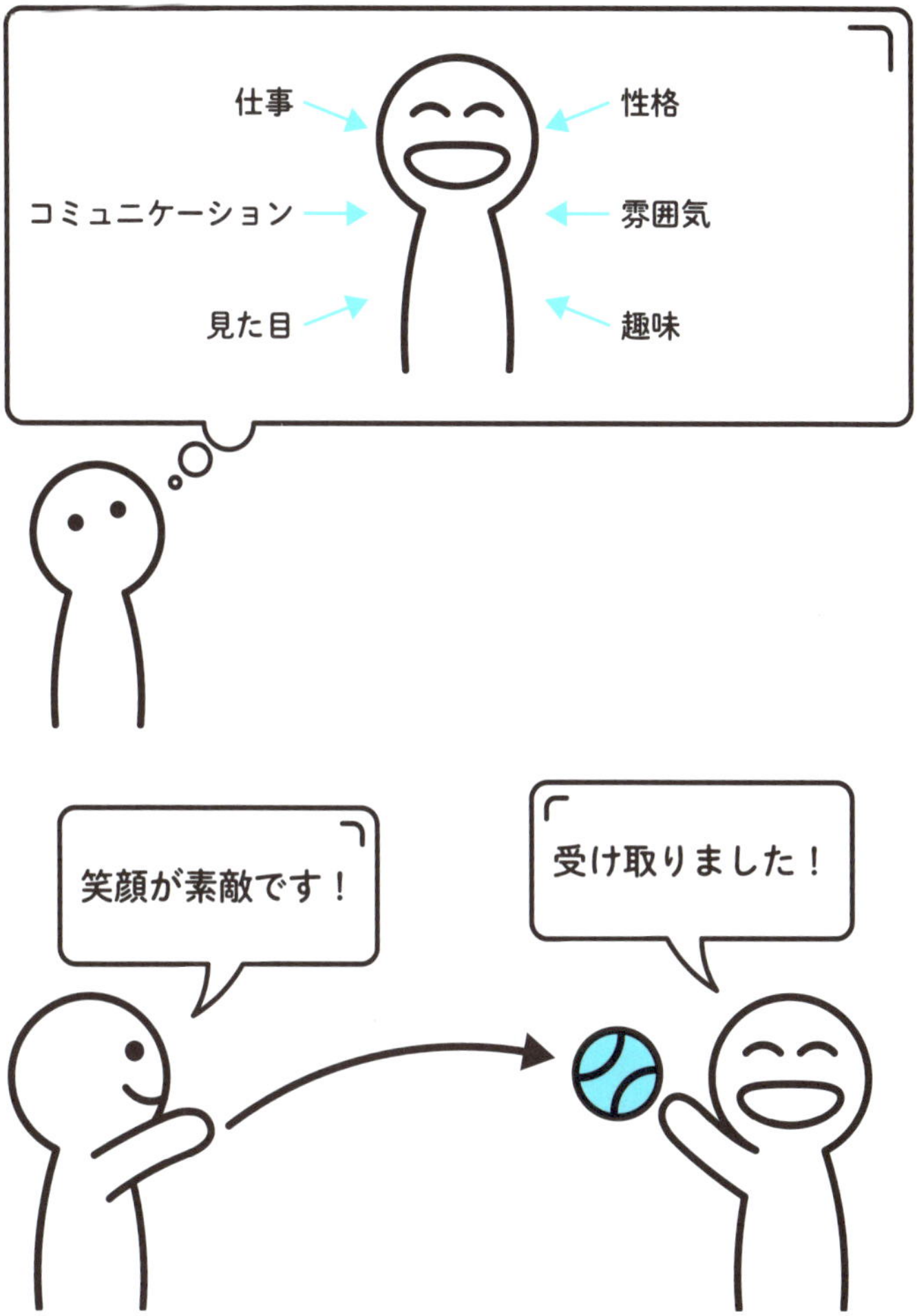

4
課題

あら読み違い

グループ

普段何気なく使っている漢字に、違う読み方があると気付くことで、「自分は知っている」という思い込みを認識できます。凝り固まった頭を柔らかくしましょう。

やり方

漢字辞典（無料のウェブ版もあります）を用意します。辞書は最後の答え合わせに使いますので、初めは見ないでください。単語を10個書き出して、それぞれ読み方の数の多さで点数を付けます。点数の高いグループが勝ちです。

解答例

「国境」こっきょう、くにざかい→2点、「大門」おおもん、だいもん、おおかど→3点、「目」め、もく、ぼく、まなこ→4点……

→「2＋3＋4……＝合計○点」

身近にある思い込みを手放す

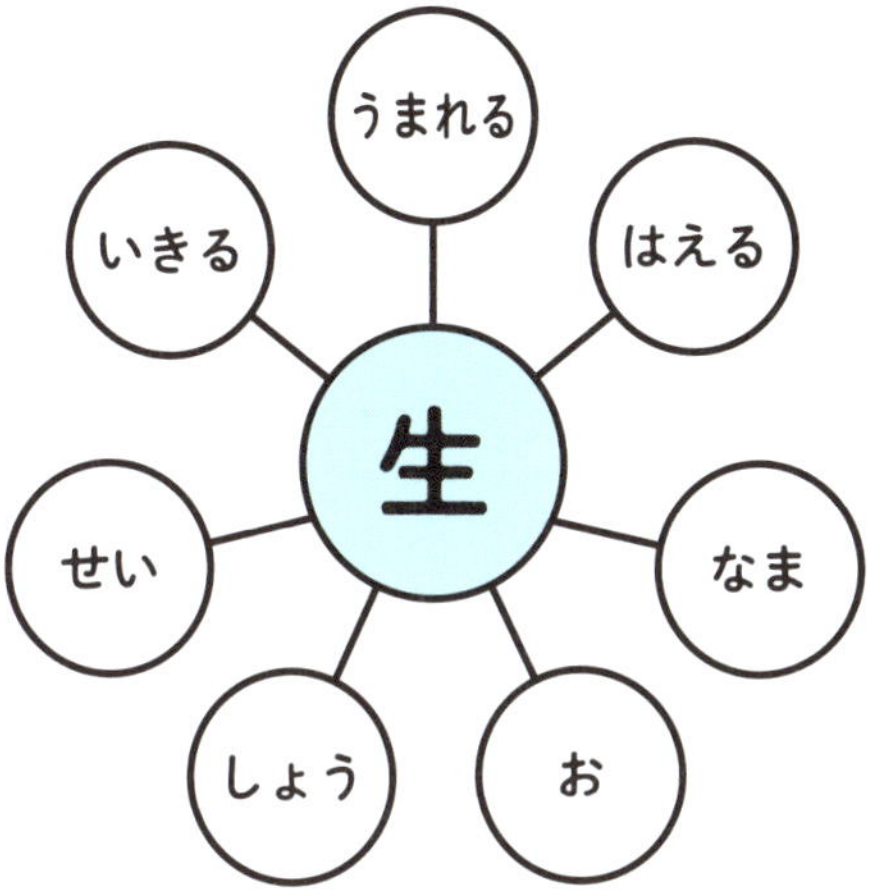

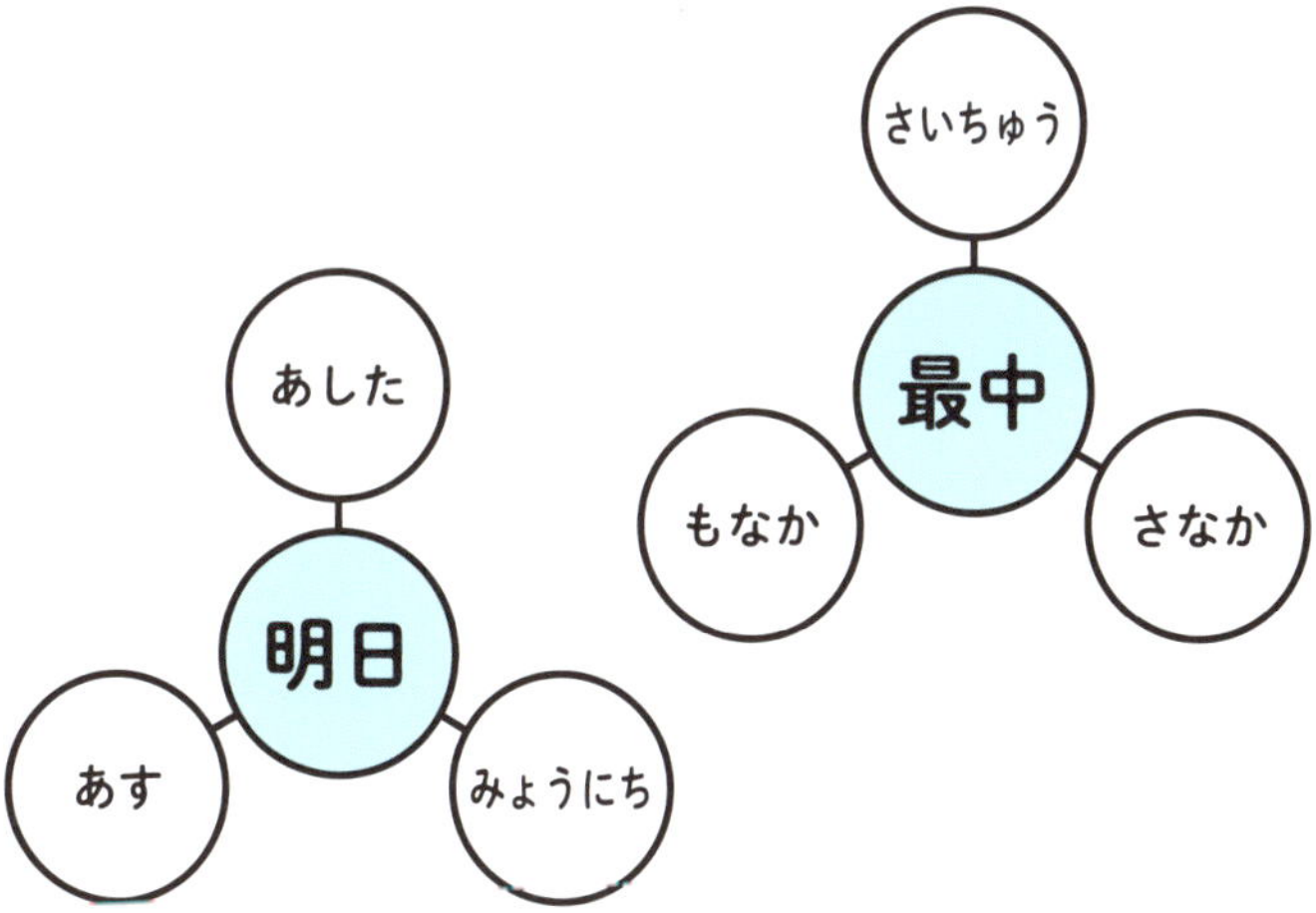

5 課題

バッドアイデア＆グッドアイデア

一人またはグループ

自分の業界の前提を疑い、さまざまな業界の視点を身に付けるワークです。悪いことが起きても、別の業界ではビジネスチャンスとなる可能性があります。もし、自社の商品やサービスで欠点を指摘されたら、それを補う会社とコラボすれば良いのです。傷つきやすいスマホ（バッドアイデア）なら、カバーを作る会社（グッドアイデア）とコラボして、スマホカバーをオプションとして販売すれば良いでしょう。

やり方

だめな商品やサービスを挙げて、別の視点では良い商品だと提案してみましょう。

解答例

「なかなか落ちないインク」→クリーニング業界ではバッドアイデアだけど、防犯ボールの中身に使うにはグッドアイデア。

立場が変わると、良し悪しも変わる

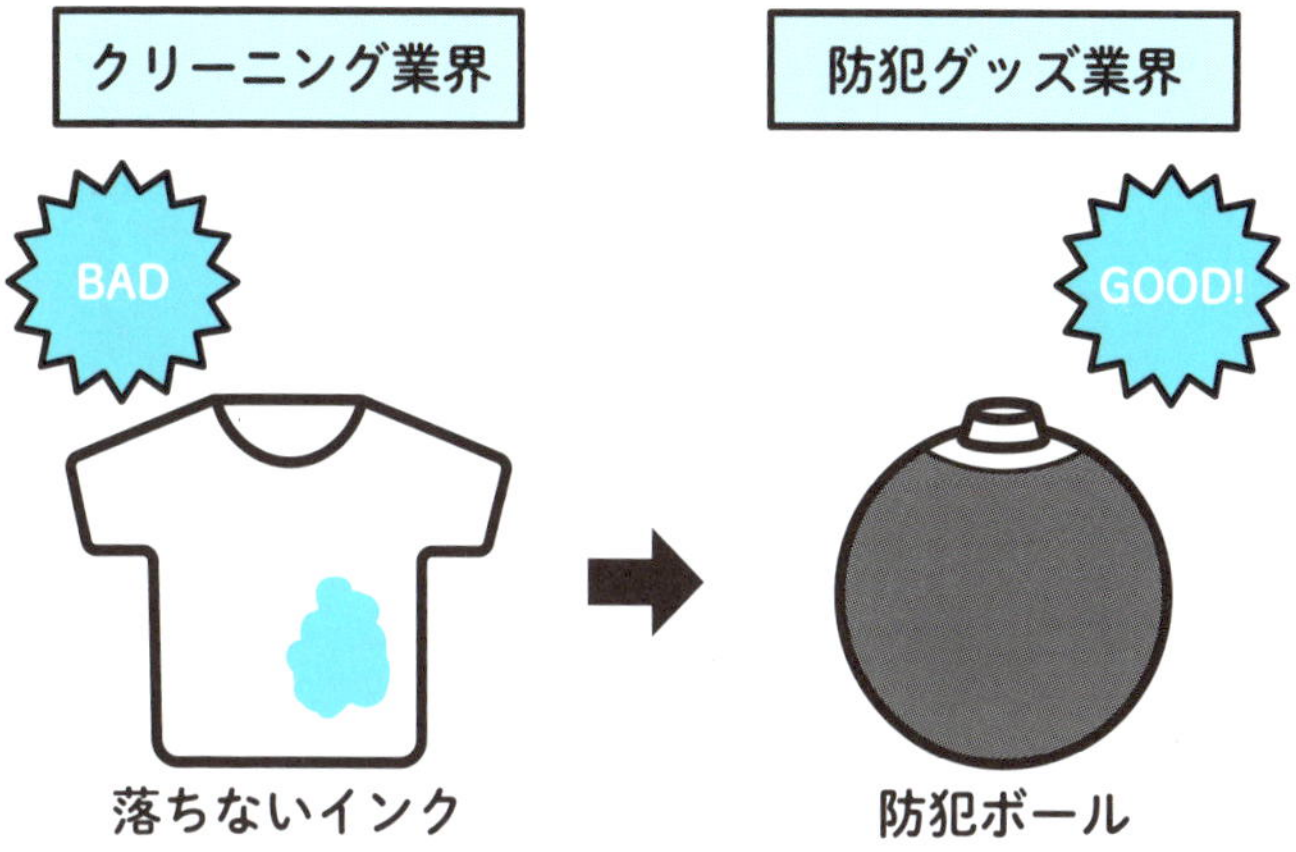

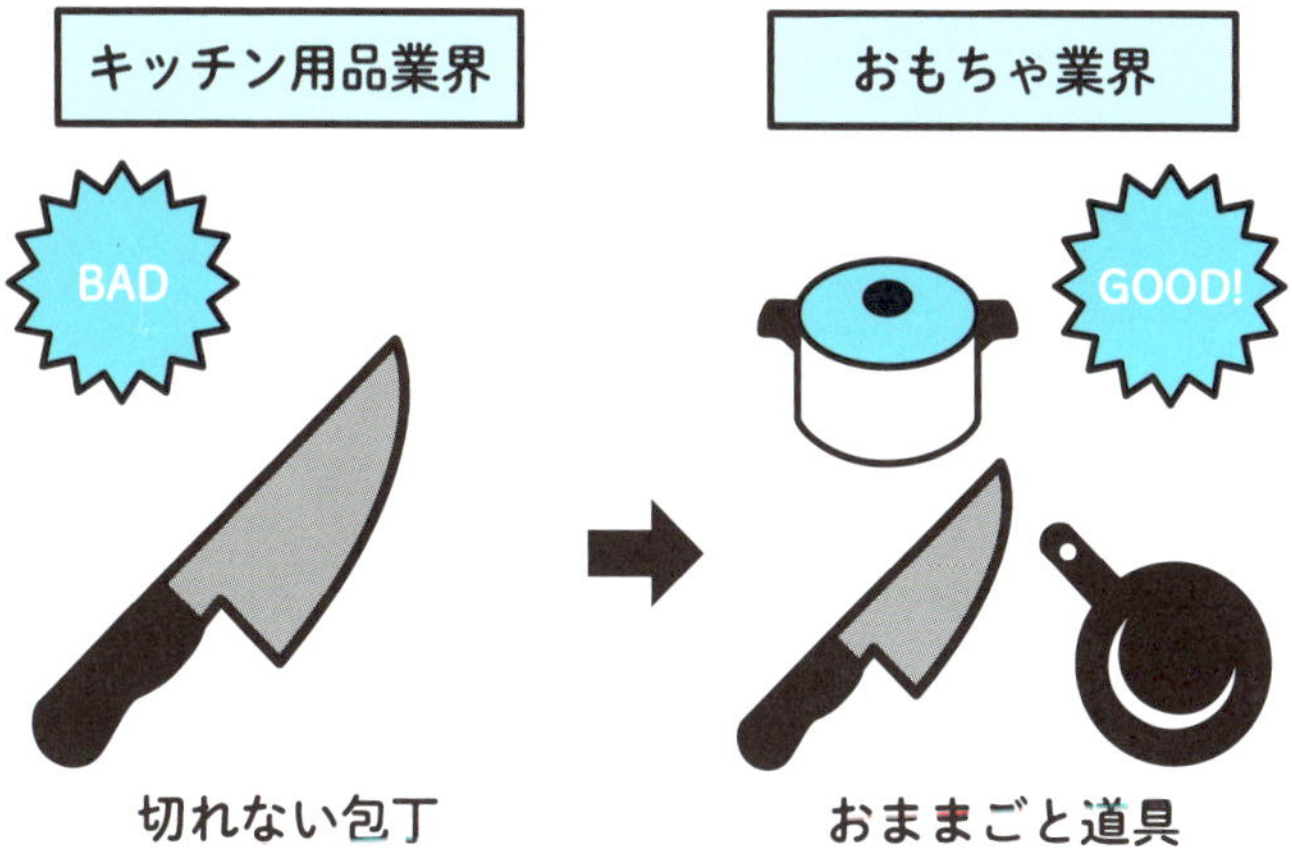

6
課題

着ぐるみシンキング

一人またはグループ

自分以外の人の視点を取り入れる練習です。SNSだと別人格になったり、ハロウィンで仮装をした途端に大胆になったりする人がいます。これを応用して、ビジネスで大きな問題を解決できる人になりきるのです。

以前、長期で研修会場を確保しなければならないという問題がありました。そこで、「ソフトバンクの孫正義《そんまさよし》氏」になりきって考えたところ、ビルをまるごと買うというアイデアが浮かんだのです。そこまではできないので、空きオフィスに入居したら、継続的に借りるよりも安上がりで済みました。

やり方

ある問題について、解決できそうな著名人になりきって考えます。背中のファスナーを開いて、その人物の着ぐるみに入る動作をしましょう。グループの場合は、着ぐるみに入る人に、それ以外の人が解決策を質問してください。著名人の人柄はあなたの

さまざまな人の視点から見てみる

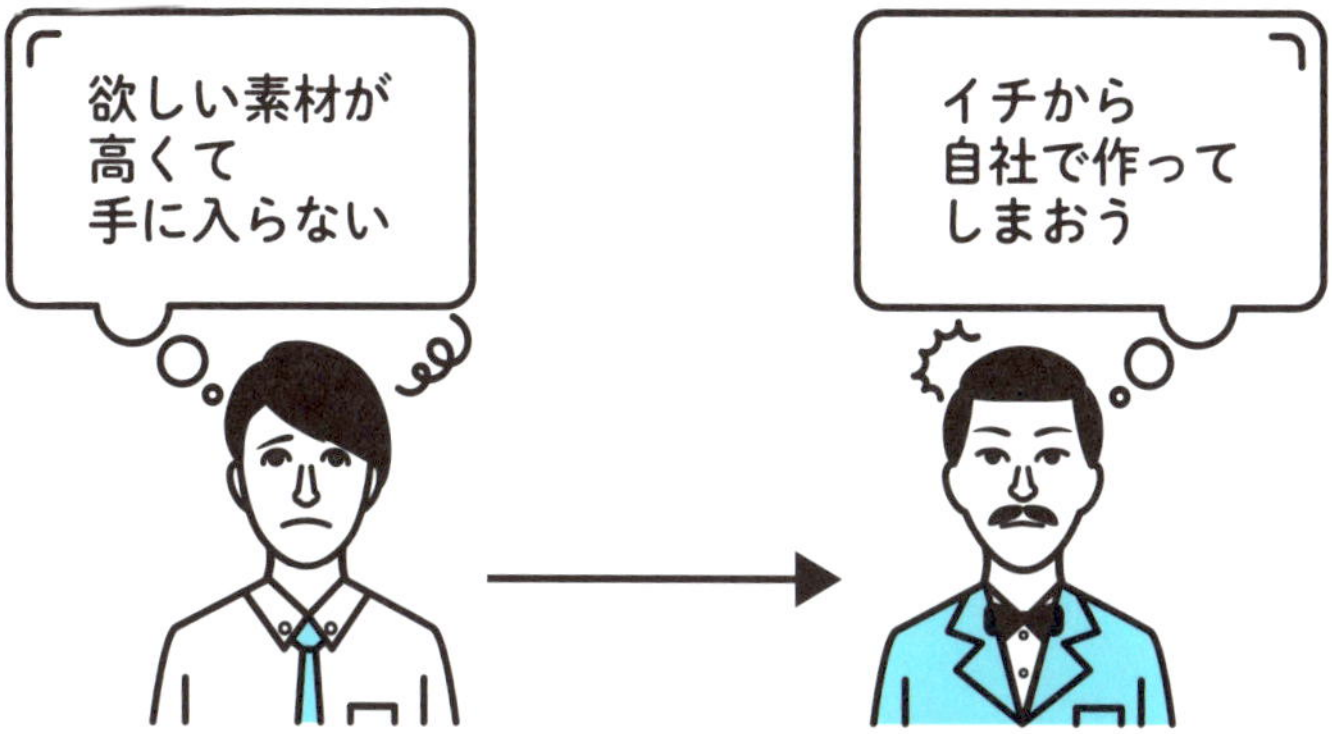
欲しい素材が
高くて
手に入らない
イチから
自社で作って
しまおう

「社長」になりきる

イメージで構いません。歴史上の人物でも、物語に登場する架空の人物でも良いですが、今いる著名人、上司や先輩などの身近な人の方が想像しやすいかもしれません。

解答例

新人の指導に困っている→「稲盛和夫《いなもりかずお》氏」になりきって考える→会社や関係者のことを考えて行動し、謙虚な姿勢を見せる。

7
課題

絶対役に立たないもの

グループ

普通、人は役に立つものを作ろうと考えます。だから、逆にだめなものを作ろうとすると、新しいアイデアが見つかります。外国人にお土産として人気の「ガチャガチャ」は、役に立つという発想からは生まれないでしょう。お札と違い小銭は帰国したら換金できません。空港の待ち時間に、小銭で買える日本らしいお土産があればちょうど良い。こうした理由から人気が出て、バリエーションが増え続けているのです。

やり方

グループに分かれて、それぞれ絶対に役に立たないものを考えます。順番に発表して、相手の考えたものに、少しでも役に立つ使い道を見つけられた方が勝ちです。

解答例

「消えてしまうインク」→イベントで使用する（イベント終了後、自然に消える）。

「役に立つかどうか」という前提から外れる

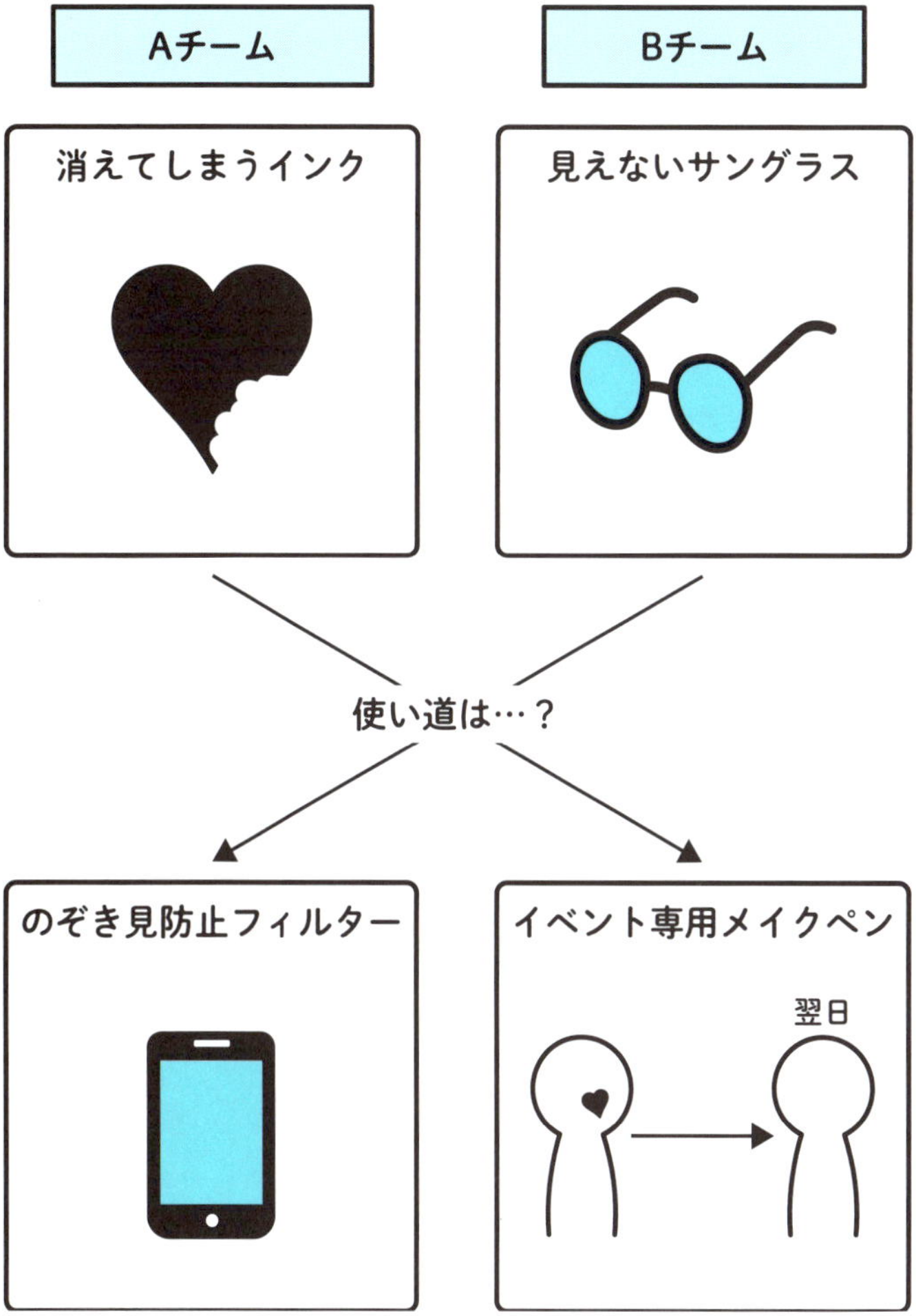

「抽象化」で発想力を高める

頭を絞ってたくさんアイデアを出そう

１９９６年頃、ヤフーは情報ポータルサイトとして、キーワード検索の他に、独自に情報をカテゴライズして提供していました。この検索方法では、ユーザーは自分が必要としている情報のカテゴリーがわからないと、目的のウェブサイトにたどり着けませんでした。一方、グーグルは欲しい情報をキーワードで検索するだけのシンプルな作りにしました。ユーザーは思い付いた言葉を入力して、検索ボタンをクリックするだけで済みます。ユーザーにとって、真の目的は「情報のカテゴライズ」ではなく、「目当ての情報を見つけること」だったわけです。

ラテラルシンキングは、物事を分類せず、ありのままに捉えることが大切であると述べました。そのためには、物事の「本当の目的」を捉えなおす、「抽象化」の力が必要です。**抽象化の力を身に付けるためには、まず物事の特徴や共通点を見つけることから始めましょう**。

前章で、傘と帽子を抽象化すると「何かをふせぐもの」「何かをさえぎるもの」になると述べました。ですが、共通点はそれだけではありません。発想を広げていくと、傘と帽子は「見せるもの」でもあります。「見せるもの」の中でも、「自分らしく見せる」「自分を飾って見せる」「自分だとわからないように見せる」など、さまざまな用途があります。

ここまで説明すると「ああ、傘と帽子はファッションアイテムなんですね」と言う人がいるでしょう。それも間違いではないのですが、「ファッションアイテム」というカテゴリーに当てはめてしまうと、用途が限定されてしまいます。共通点を見つけても、すぐに特定の名前を付けない方が、本質に近づくことができるのです。

このように、物事をカテゴライズせずに、他との共通点をできるだけたくさん見つけようとすることで、抽象化の力を伸ばしていけるでしょう。

課題 1

CM＆広告ストーリー

一人

「ダジャレ」など、実は昔から日本人は抽象化するのが好きなのです。このワークは、落語でおなじみの謎掛けと同じ要領で行います。組み合わせる2つの物事の関係が遠いほど、うまく解ければ抽象化の力が高いということになります。

やり方

テレビや液晶画面で流れてくるCMや街中の広告から2つ選び、共通点を見つけて「どちらも○○です」と言えれば成功です。できるだけ関連性がないものを組み合わせましょう。これなら満員電車で身動きできないときにも練習できます。

解答例

「高級車」「英会話教室」→どちらも「お金がかかるもの」と言えるでしょうが、もっと肯定的にすると、「知らない場所に行くための道具」となるでしょう。

ダジャレ、謎掛け、大喜利…
言葉遊びで共通点を考える力を高めよう

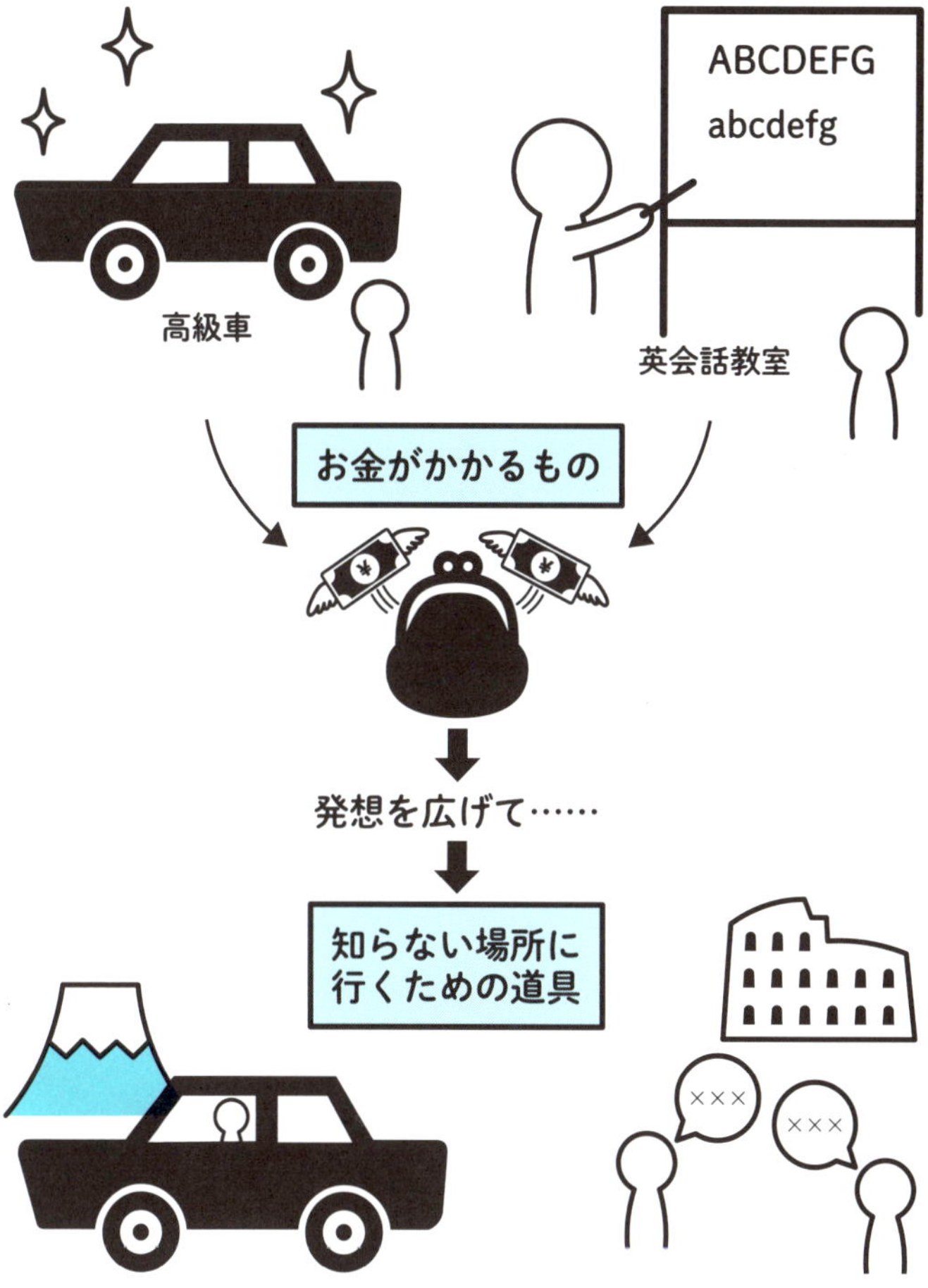

2
課題

誰の物語？

グループ

物語のあらすじを抽出することで本質を見極めます。視聴者としてだけでなく、主人公やライバルなど、さまざまな登場人物の視点から物語を見ると、同じ話でも全く違うものになります。

抽象化された本質的な部分は、真似してもパクリと思われません。ビジネスでも成功事例を抽象化して、別のものに応用しているのです。

例えば、「プリンターメーカー」は、プリンター本体を安価にする代わりに、インクカートリッジを定期的に有料で交換することで、儲かるようなビジネスモデルを作りました。コーヒー販売の会社は、このビジネスモデルを応用しています。カプセル式コーヒーマシンを無料キャンペーンで普及させ、ネスカフェのネスプレッソなどの有料のカプセルを購入してもらい、利益を得ているのです。

やり方

新聞のテレビ欄に載せるつもりで、映画のランキングサイトに掲載されている、好きな映画の短いあらすじを作ります（マイナーな映画ではなくみんなが知っているような有名な映画が良いです）。ただし、固有名詞は除いてください。相手グループのあらすじを聞いて、映画のタイトルを当てた方が勝ちです。

解答例

超古代帝国の王の末裔が同じ王の血を引く姫君と結婚して、かつての栄光を取り戻そうとするが、少年と海賊一味に邪魔されて挫折するアニメ映画↓「天空の城ラピュタ」

同じ物語をさまざまな立場の人の視点から見ると、
本質が見えてくる

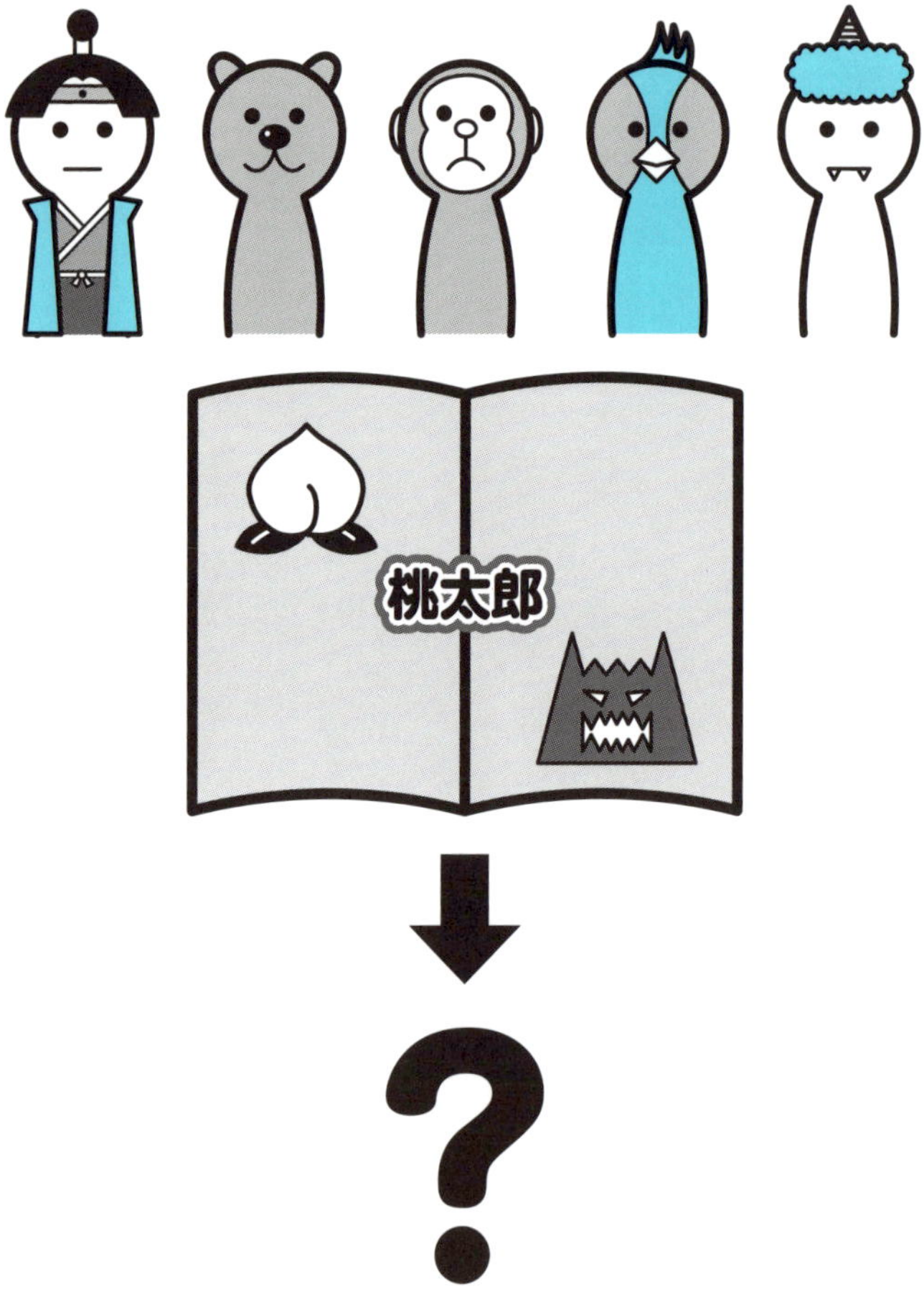

3
課題

使い道を探せ！

一人またはグループ

あるものの本質を捉えて、別の用途に当てはめます。コツは視点を逆転させることです。「新聞」→「汚れ物を包む」→「周囲が汚れない」ときたら、今度は逆に発想して、「周囲から汚れないように包む」→「包装紙」といった具合です。この逆転の視点に気付けば、より多くの用途を発見できるでしょう。初めは似たようなものでも構いません。ともかく初めは量が重要なので、どんどん挙げていきます。そうしていくうちに頭が新しい視点に慣れて、驚くほど違うアイデアを思い付きます。

やり方

目の前にあるものについて、本来の用途のほかに30通りの用途を見つけます。機能に分解したり、利用シーンを挙げたり、利点や欠点、使う人や使わせる人などさまざまな視点から、イメージを膨らませて考えます。10個くらいは今までの体験などからすぐに思い付くので、楽勝だと思います。10個出してからが本領発揮です。

解答例

「新聞」→記事をタッチタイピングする練習文。鳥かごの床。靴の乾燥。習字の練習紙。墨書きした半紙を持ち帰る紙。壁紙。焼肉屋のエプロン。雨合羽。緩衝材。包み紙。折り紙。日除け。窓拭き雑巾。吸水紙。おもし。目隠し。破いてストレス発散。ボール。バット。紙粘土。模型。容器。帽子。紙吹雪。衣類の仕切り。レジャーシート。防寒対策。バーベキューの焚つけ。まるめて焚火に空気を吹き込むための筒。油拭き。ダンベル。ガラスが割れたときの包み紙。文字を切り抜いて脅迫文。隙間をふさぐシート。おもちゃの刀。服の型紙。シートカバー。クッションの中身。

視点をどんどん変えて、イメージをふくらませよう

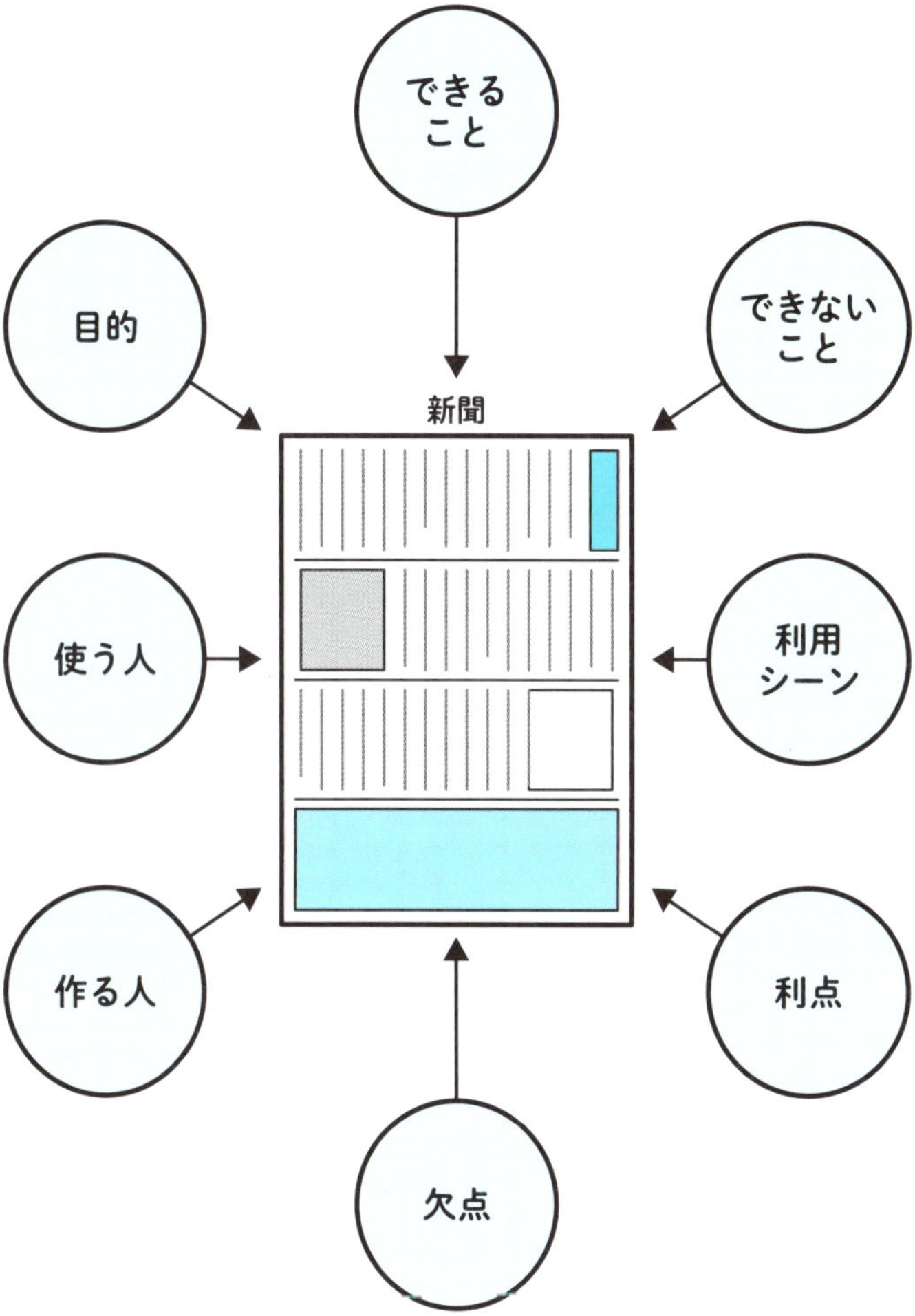

4 課題

ニュース深掘り

一人

報道番組では毎日ニュースを紹介しています。ラジオや新聞、雑誌やネットメディアも同様です。各メディアはそれぞれの基準でニュースを取捨選択しています。あるメディアが「なぜそのニュースを選んだのか」を考えてみましょう。新しい情報を伝えるためか、世論を巻き起こすためか、視聴者に行動を促すためか。ニュースが伝えたい「本質」を考えるのです。

やり方

ニュースを見たら、誰をターゲットに伝えようとしたのかを推理します。最近のニュースにはコメントが付きます。どういった背景を持つ人がコメントしているのかも注目しましょう。

本当に伝えたいことは何？

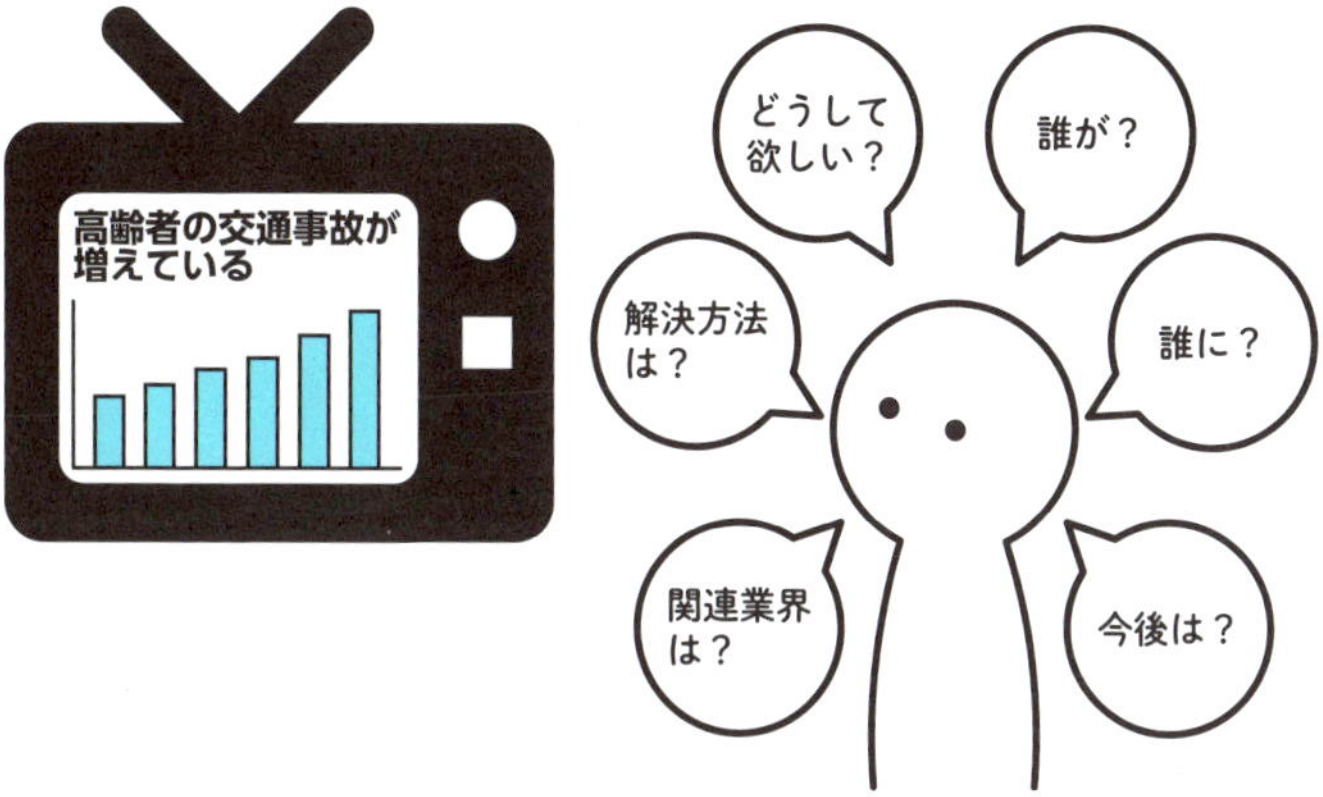

解答例

高齢者の交通事故のニュースが多いことに気付いたとします。高齢化が進むと、高齢者による事故も増えるかもしれません。無理な運転を止める必要があるでしょう。するとこのニュースは運転が不安な高齢者やその家族をターゲットにしていると想定できます。結果、運転に不安を持つ高齢者の声が大きくなり、自動ブレーキシステムが開発されたのです。

5
課題

NHKごっこ

一人またはグループ

誰もが知っている物事に別の名前を付けることで、その本質を見つけます。NHKの番組では、企業の宣伝となるのを避けるため、個別の商品名は違う言葉に言い換えます。「何をするためのものか」という機能面に注目して、表現を考えているのです。

名前はもののイメージを変えます。例えば、仏教徒は禁止されている酒を飲むために、「般若湯《はんにゃとう》」という名前を付けました。「○○湯」という薬の名前にすることで、「お酒は薬」というイメージを広げたわけです。

やり方

広く知られている商品について、固有の名前を使わずに言い換えましょう。

解答例

「スマートフォン」→ボタンを減らしたマルチメディアパネル。多機能電話板。

「何に使うか」から本質を考えよう

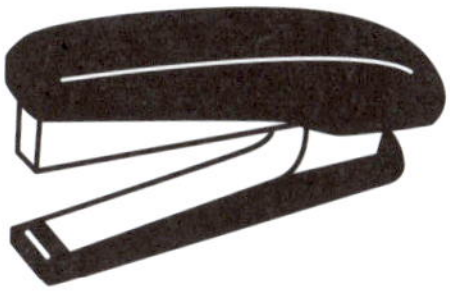

ホチキス
＝ページクリッパー、紙刺し機

特徴は？

用途は？

コーラ
＝パーティー用炭酸飲料水、
アイスクリームのおとも

いつ飲む？

誰が飲む？

6 課題

実はいらない？

一人またはグループ

「iPhone」は携帯電話のボタン、「ファブリーズ」は洗剤から汚れを落とす成分をなくすことで生まれました。ダイソンの扇風機も、「羽」をなくして画期的な製品になったのです。あなたのビジネス、つまり商品やサービスで1番大事な要素は何ですか。それがなくてもビジネスは成り立つでしょうか。そもそも、そのこだわりはあなたのビジネスの本質なのでしょうか。重要と思い込んでいるものがなくなったら、「本質は何か」を考えずにはいられないでしょう。

やり方

既製品に当たり前にあるものをなくして、見たことのない新商品を考えてください。

解答例

「扉のない冷蔵庫」「刃のないカッター」「翼のない飛行機」など。

1番大切なものをなくしてみたら？

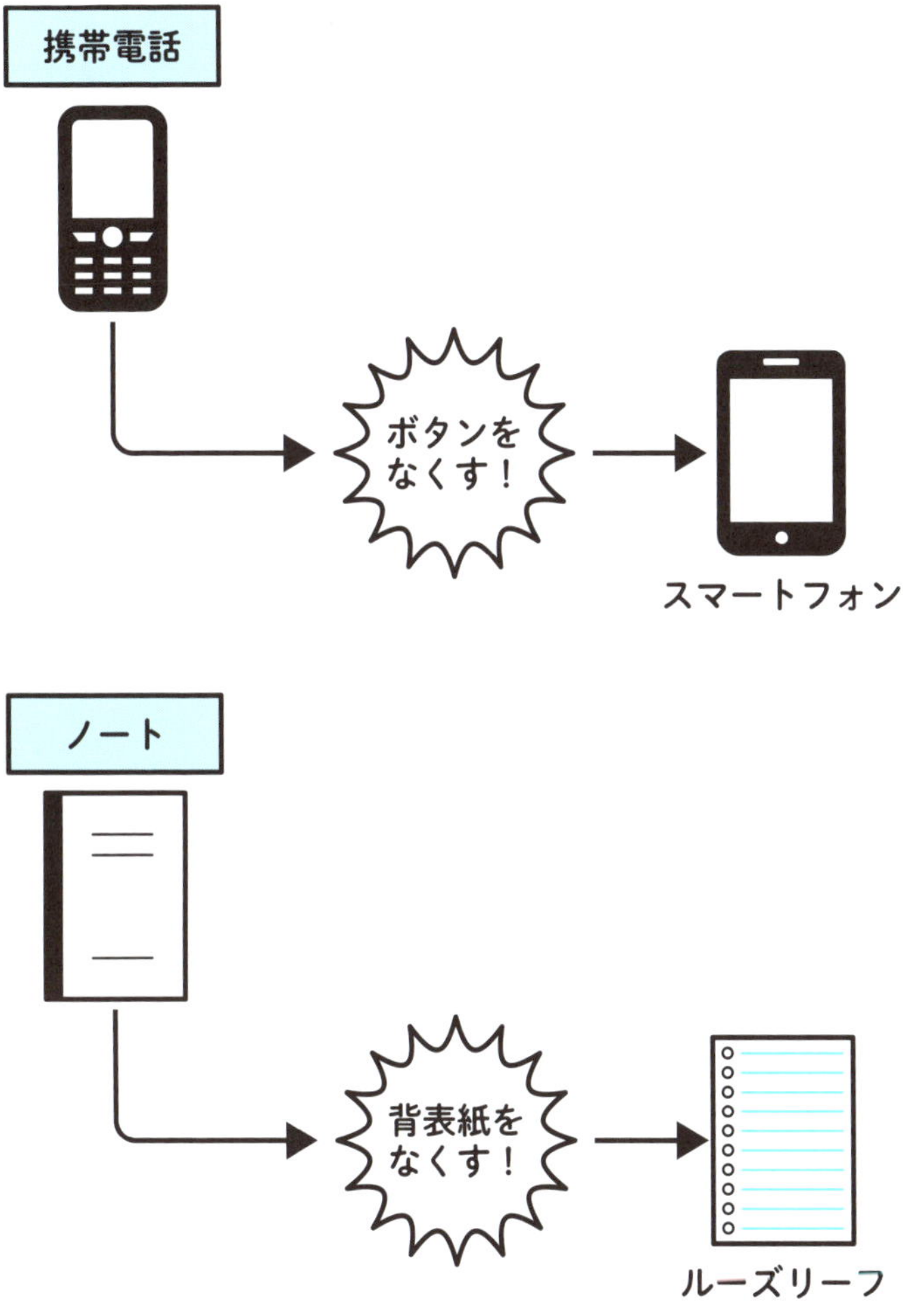

7 課題

真実の姿を見抜け！

一人またはグループ

さまざまな視点から商品やサービスの価値を考えることで、本質を見抜く力を身に付けましょう。お客さまにとっての価値を説明できるようにもなります。

例えば、「実店舗」の価値は、実物を見たり触ったりして、店員さんとコミュニケーションしながら商品説明を聞けることです。単に安く売ることを価値にしてしまうと、家賃のかからないネットショップに勝てません。

やり方

誰もが知っているようなものの価値を、あらゆる視点から説明してください。

解答例

「時計」→時間を計ったり、目で見たりすることができる。飾ることができる。
「パン」→小麦を美味しく食べることができる。

「本当の価値」は、すぐには出てこないかも？

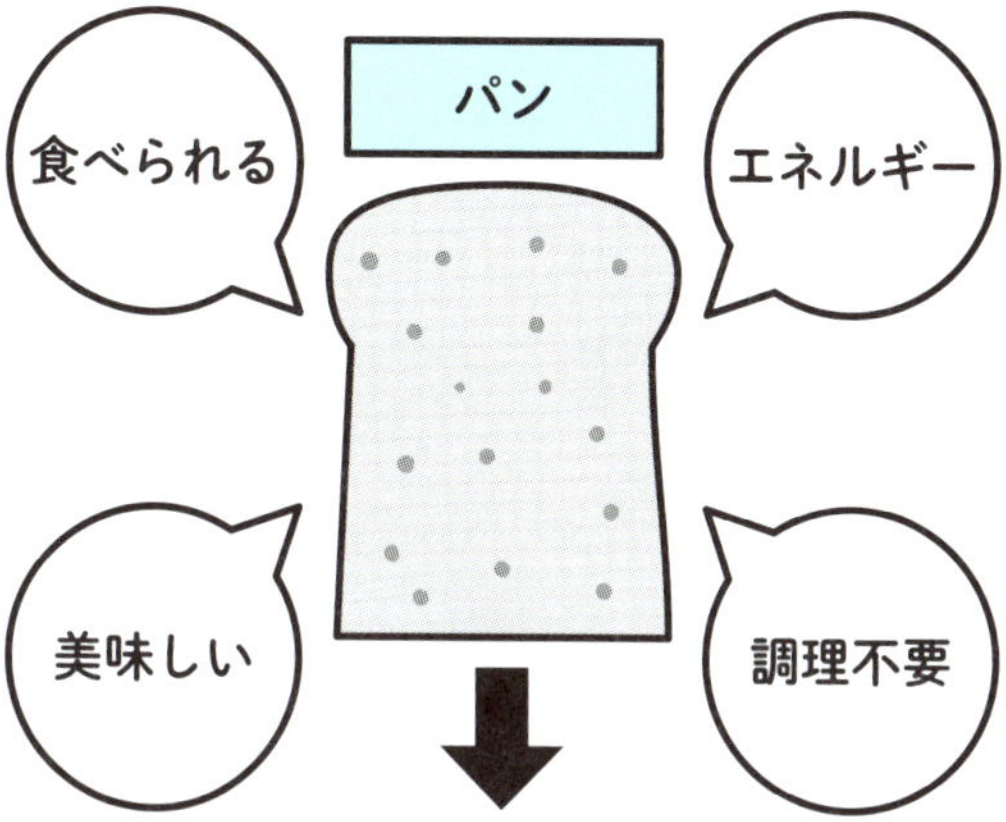

小麦を美味しく食べることができる

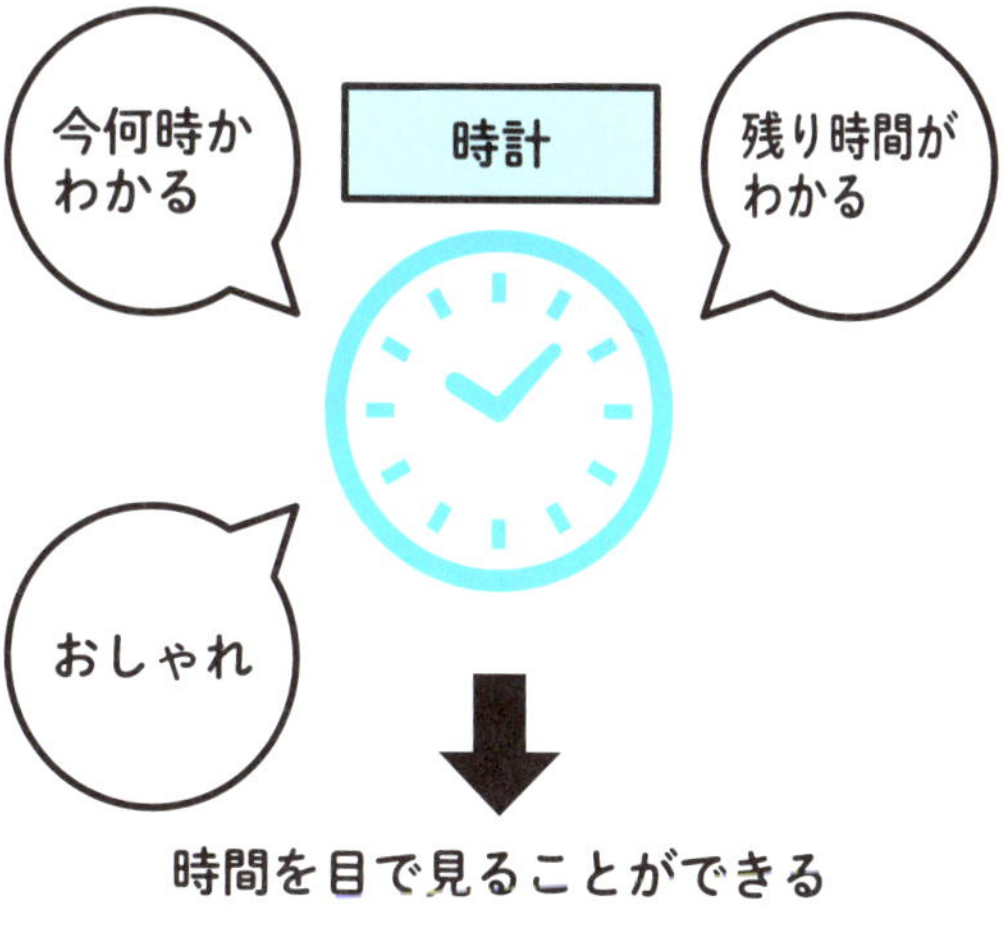

時間を目で見ることができる

アイデアを発展させる「セレンディピティ」

「身の周りの出来事」にアンテナを張り巡らそう

店舗を立ち上げる際は、「消費者ターゲットを明確にして、品揃えと中心価格帯を考える」がセオリーです。

これを一切せずにお店を始めた人がいます。安田隆夫《やすだたかお》氏は、29歳のときに勤めていた会社が倒産してしまいました。そこで、手っ取り早く稼ごうと、廃盤品を売るディスカウントストアを開業したのです。

とにかくお金がないので、仕入れから陳列まですべて一人でこなさなければなりません。商品を棚にキレイに並べている時間がないので、商品が入ったままのダンボールに穴を開け、中身が見えるようにして手書きのポップを貼るだけにしていました。

作業はしばしば夜中まで続きます。そのうち、当時は珍しく深夜にやっているお店があるということで、夜遊びのドライブがてらにお客さまがやってきました。

ダンボールが積み上がっている迷路みたいな店内は、一見何を扱っている店かわからない。「まるで宝探しのような店だ」と人気に火が付き、今では全国に「ドン・キホーテ」として展開するようになったのです。

もし、人を雇ってキチンと商品を展示していたり、作業の邪魔だからと夜中のドライブ族を断っていたりしたら、今の「ドン・キホーテ」はなかったでしょう。

偶然の出来事を無理矢理にでも企画や問題解決に生かすことが、セレンディピティの力です。**目の前で起こったことや流れてくる情報を、「きっと何か意味があるに違いない」とこじつけることが、アイデアを生み出すためには大切なのです。**

難しそうだと思う人も多いのですが、そんなことはありません。意外と、日常生活でも使っているのです。

例えば、「トランプゲーム」です。特にポーカーは、偶然配られた手札からなんとかして役を作らなければなりません。最初から良い手札が揃うこともありますし、全くだめな場合もあります。しかし、運だけですべてが決まるわけではありません。役に立ちそうもないカードを切るか残すか考慮し、全くだめな手も良い手に見せかけてポーカーフェイスを作り、ブラフ（はったり）で勝つ。だめな条件も、別の手段として利用する。これもラテラルシンキングなのです。

偶然を偶然として無視しないためには、まず何にでも興味を持つ好奇心が大切です。そうした心がけを身に付ける練習をすれば、偶然を無視せず、工夫して組み合わせてビジネスに生かすことができます。ここでは好奇心を持つ、偶然を見逃さないという2つのポイントを中心に練習します。

1 課題
禁スマ散歩
一人

観察力を身に付けるワークです。何気ない散歩も意識を変えることで、考える力を高めるきっかけになります。

やり方

できるだけ、知らない土地、知らない場所に行って周辺を観察しましょう。街中散策でも自然の中でも、コースはどこでも構いません。何度も行っている場所だと「ああ、知っている」と思い込んで、小さなこともスルーしやすくなります。

旅行や外出の際は、できるだけスマホを見ないようにします。スマホがあると、せっかく知らない場所に行ってもSNSばかり眺めて、結局何も見ていなかったということになるからです。気が散るので、移動中は音楽も聴かないようにします。もちろん、面白いものに出会ったら写真を撮ってもOKです。完全に道に迷ってギブアップなら、スマホの地図アプリで確認しましょう。ただし、歩きスマホは危険です。

知らない場所を観察しよう

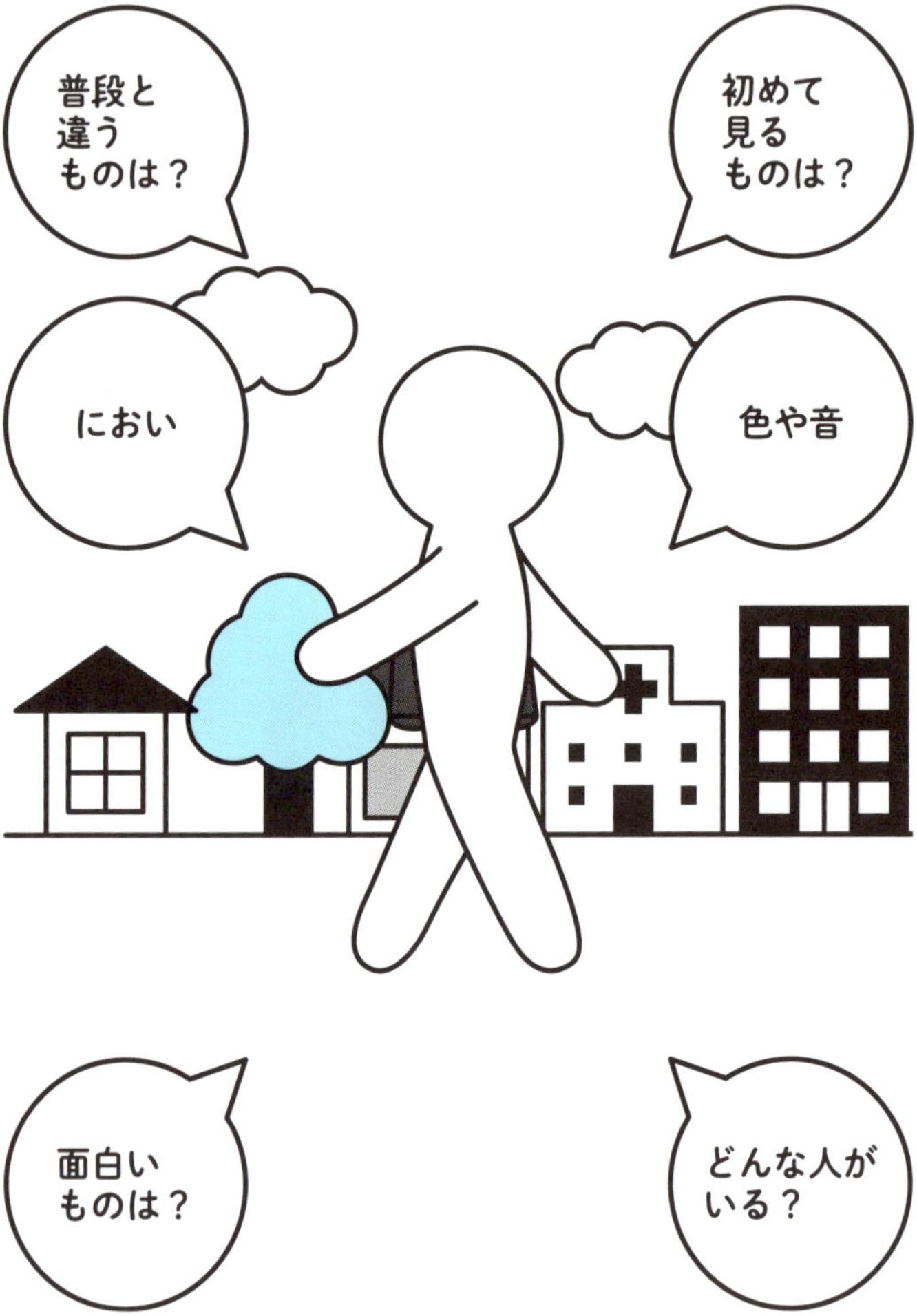
普段と
違う
ものは？
初めて
見る
ものは？
におい
色や音
面白い
ものは？
どんな人が
いる？

解答例

あるとき街を歩いていると、やけに背の低い郵便ポストを見かけました。なぜ、こんなに低い位置に？　車椅子用かと思ってさらに歩いていくと、今度は歩道の縁石の段差が少なくなっていました。一貫性があるので、どちらもおそらく自治体の取り組みでしょう。これなら車椅子のみならず、キャスターバッグも動かしやすいので、旅行客にもありがたいと感じました。もちろん、ベビーカーにも好都合です。観察することで、背の低いポストから、福祉に力を入れている街だと気付くことができました。

2
課題

ほまかせ

一人またはグループ

本からランダムに単語を抽出して組み合わせます。意識すると、どうしても選ぶ単語に偏りが出ます。深く考えずに、思わぬ組み合わせからアイデアを生み出すことを楽しみましょう。

エアパッキンをつぶす感触が楽しめる「∞プチプチ」を製品化した、バンダイの高《たか》橋晋平《はししんぺい》氏も、ランダムな単語から発想を広げる「アイデアしりとり」を提唱しています。こちらは一人でしりとりをして、出てきた単語を組み合わせ、アイデアをたくさん出す方法です。

やり方

本を用意します。百科事典のように分厚いものが理想ですが、英和辞典などの辞書でもOKです。それもなければ本書を使ってください。ページをパラパラめくりながら、指を差し込みます。目に留まった単語をメモに取ります。2つ以上の単語を選択

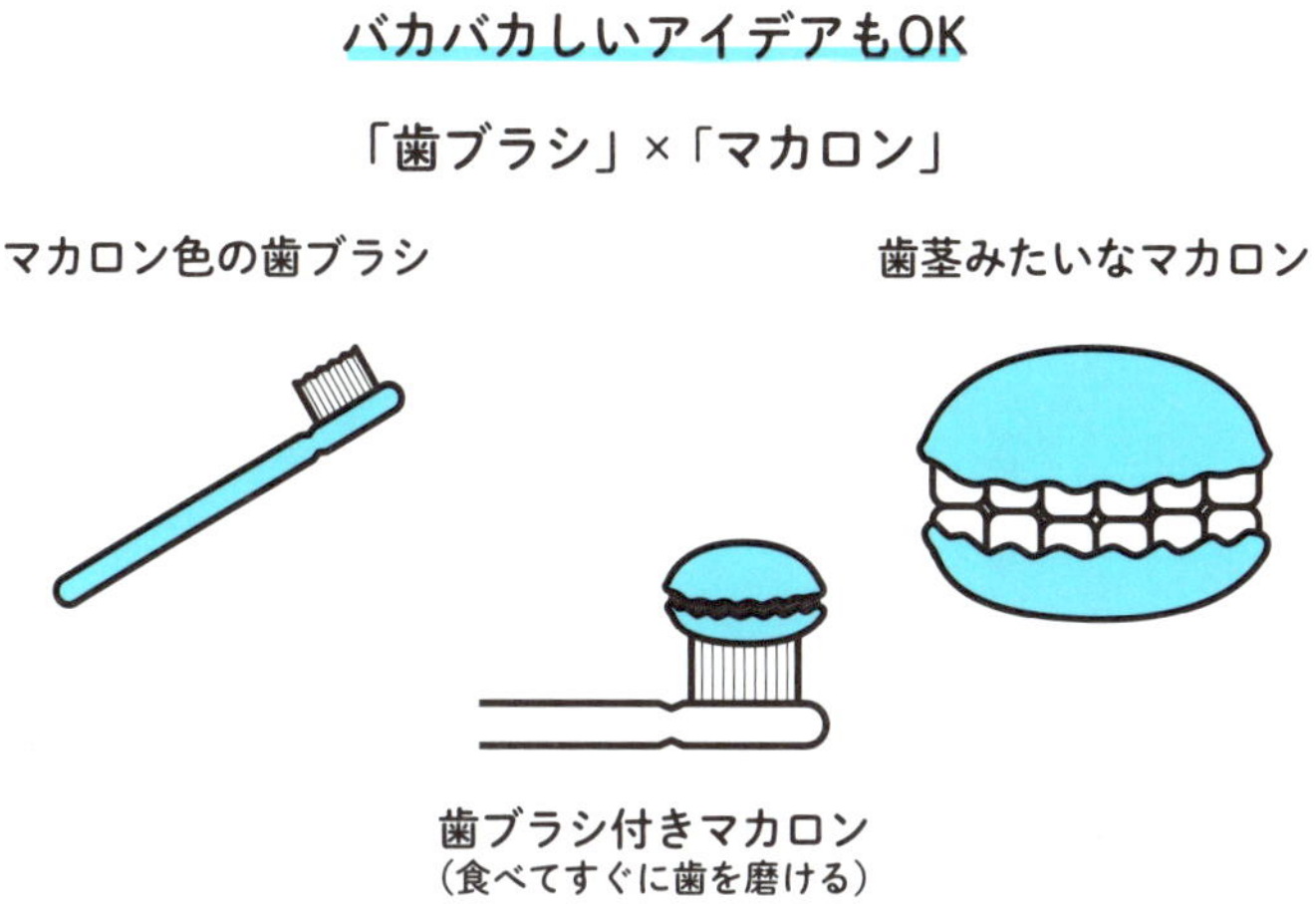
バカバカしいアイデアもOK
「歯ブラシ」×「マカロン」
マカロン色の歯ブラシ
歯茎みたいなマカロン
歯ブラシ付きマカロン
（食べてすぐに歯を磨ける）

したら、組み合わせて商品やサービスとしての利用を考えましょう。

解答例

「シートベルト」×「唐津焼」→単純に考えれば、「バックルが唐津焼のシートベルトを使った自動車」などでしょうが、もう歩踏み込んで、視点を変えてみましょう。バカバカしい答えほど大歓迎です。「唐津焼製のジェットコースター」「唐津焼車椅子（それぞれのパーツは唐津焼で作り、シートベルトで固定する）」「唐津焼のタブレットケース（持ち手にシートベルトを利用する）」など。

3 課題

N極S極ワード

一人またはグループ

正反対のものの組み合わせは、意外性があるので興味を引きます。うまく掛け合わせれば、大ヒット商品になるかもしれません。

吉祥寺のカフェ「ルミエール」では、かき氷にブランデーをかけて火を付ける「焼き氷」がヒットしています。「いきなりステーキ」は立ちぐいスタイルで、行列ができるステーキ店を生み出しました。

やり方

磁石のN極とS極のように、正反対の性質をもつ単語を結び付けて、新しい商品やサービスのアイデアを出しましょう。街中で探し出して、分析しても良いでしょう。

解答例

古典文学の文庫本のカバーに若い女性アイドルを載せる。

正反対の組み合わせは意外性を生み出す！

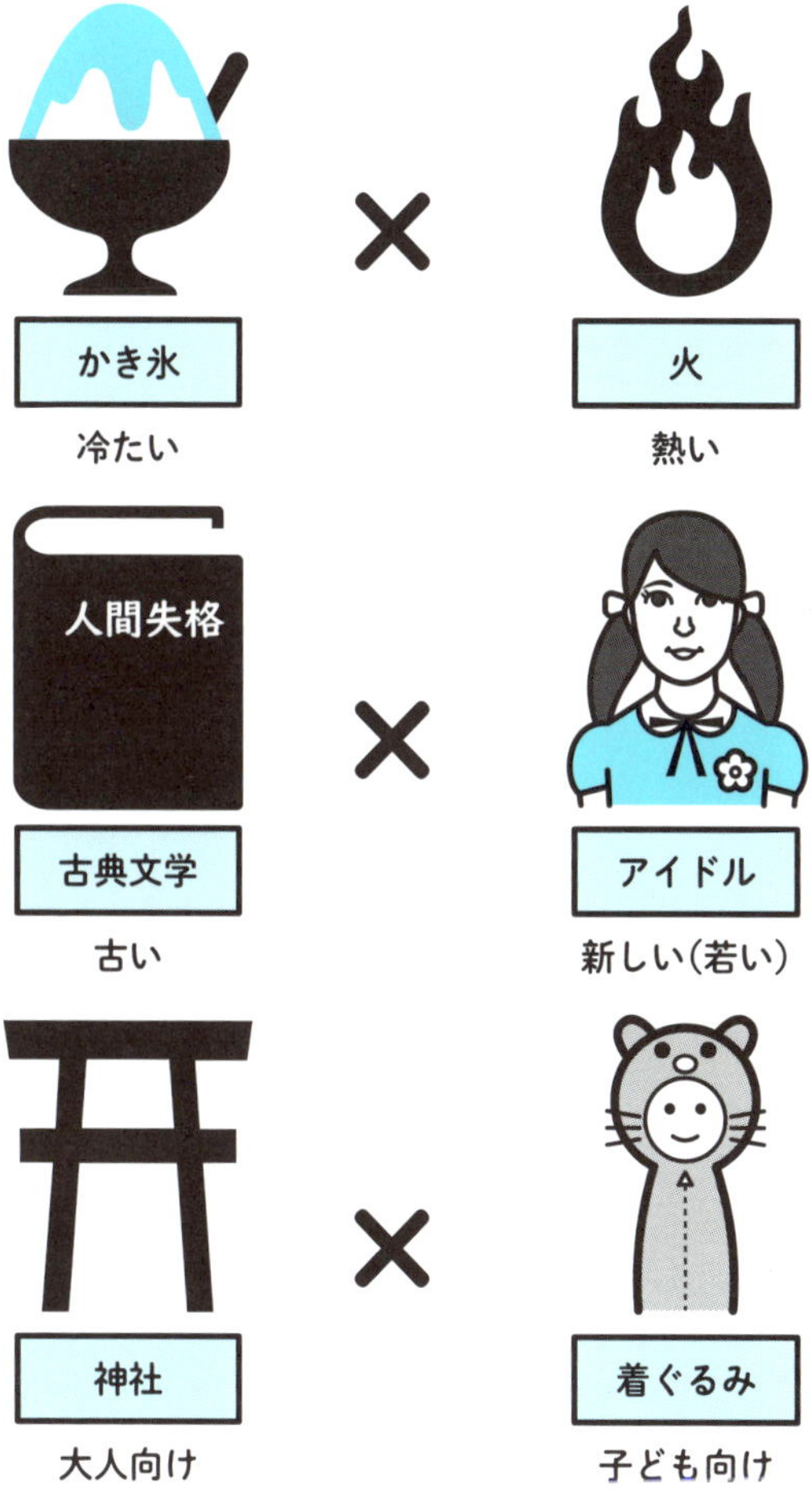

4
課題

ウソツキ自己紹介

グループ

偶然を無視しない練習です。ウソをつくためには、もっともらしく話さなければなりません。そのためには、過去のさまざまな出来事や経験を思い出し、組み合わせてリアルな話を作る必要があります。ウソは思いの外、頭を使うのです。他のメンバーはウソを見破ろうと集中するので、いつもより真剣に話を聞く練習にもなります。

やり方

持ち時間5分で、それぞれ自己紹介をします。自己紹介には3つ「最近感動した」エピソードを入れます。ただし、3つの内ひとつだけウソが混ざっています。このウソを当てた人が勝ちです。全員外したらウソをついた人が勝ちです。本当のことはウソっぽいエピソードを選ぶと騙しやすくなります。

ウソ＝過去の体験、出来事の組み合わせ

5 課題

奈落に堕落!?

一人またはグループ

職場などの環境改善は、どこでも行われているでしょう。ですが、マンネリ化や形骸化によって改悪している場合もあります。そこで、発想を変えて逆に今よりもっと悪くする方法を考えてみましょう。良い方向へ転換するヒントがあるかもしれません。

やり方

部下から頼られない上司になる方法は？　社員の生産性を落とす方法は？　今あるイヤなところを思い浮かべて、現状をもっと悪くするにはどうするかを考えます。

解答例

あるとき、イタリア料理店がオープンしました。ところが、来客が伸びず倒産寸前になってしまいます。そこで、どうせ潰れるなら7割引にしたところ、お客さまが殺到しました。後に全国展開する「サイゼリヤ」一号店のお話です。

「良くしよう」という発想を捨ててみよう

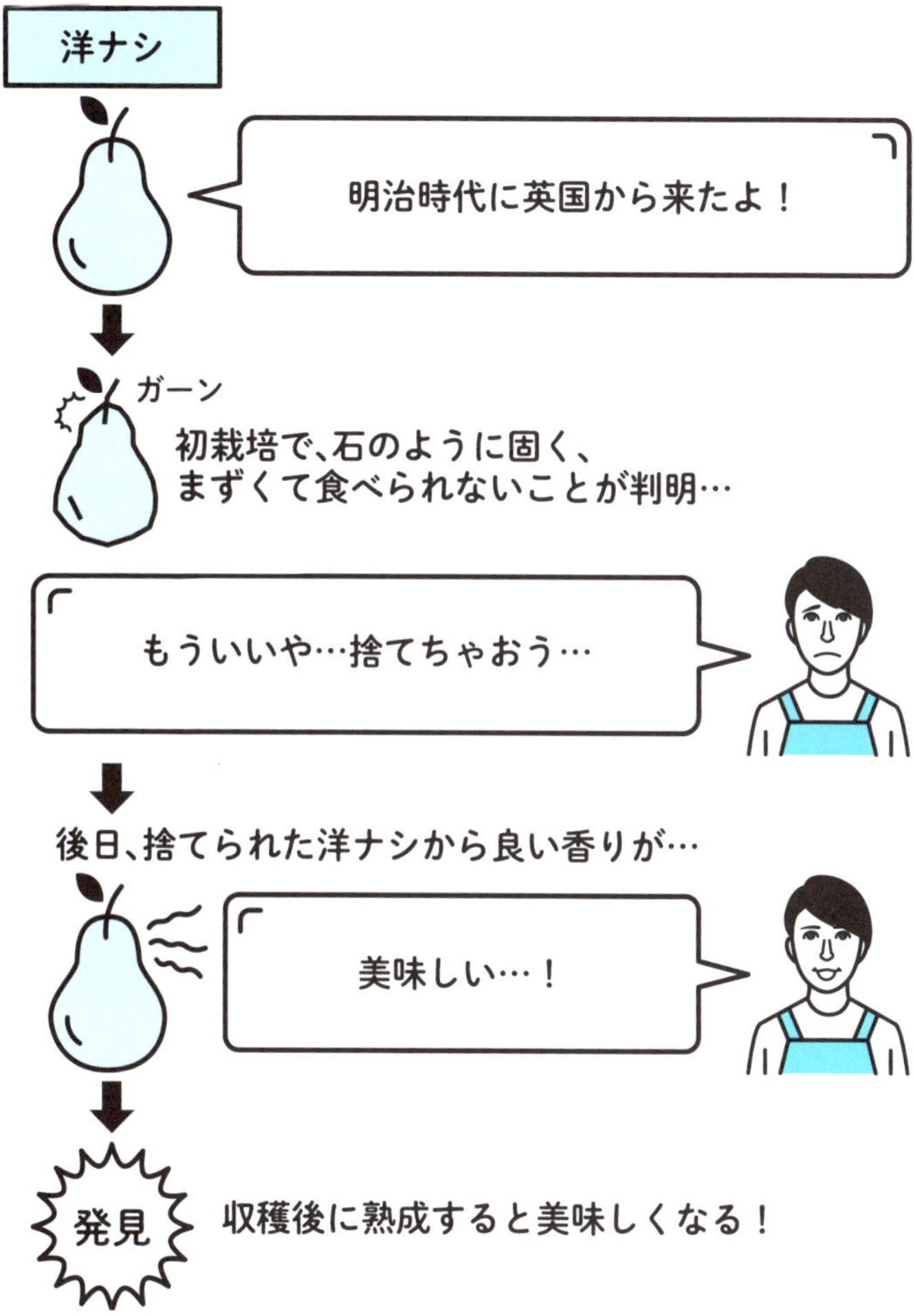

6 課題

そもそも何だっけ？

一人

小さなことにも好奇心を持つ練習です。言葉やものには、さまざまな意味や用途があります。ラーメン屋が集まるテーマパークを「ラーメン甲子園」と名付けるとラーメン屋が競い合うトーナメントのイメージができ上がります。この場合、甲子園はただの地名ではなく「競い合う」の代名詞になっています。ビジネスでは、ブームの言葉が持つイメージを、他のものと組み合わせて人びとの関心を引くことがあります。

やり方

周囲のものを見渡して、もとの用途から使い方が変わってしまった言葉やものを探しましょう。長い歴史の中で、言葉だけ残っているものを見つけられると良いです。

解答例

「筆箱」→実際に筆を入れている人は少ない

「そもそも」を探ると、本質が見える

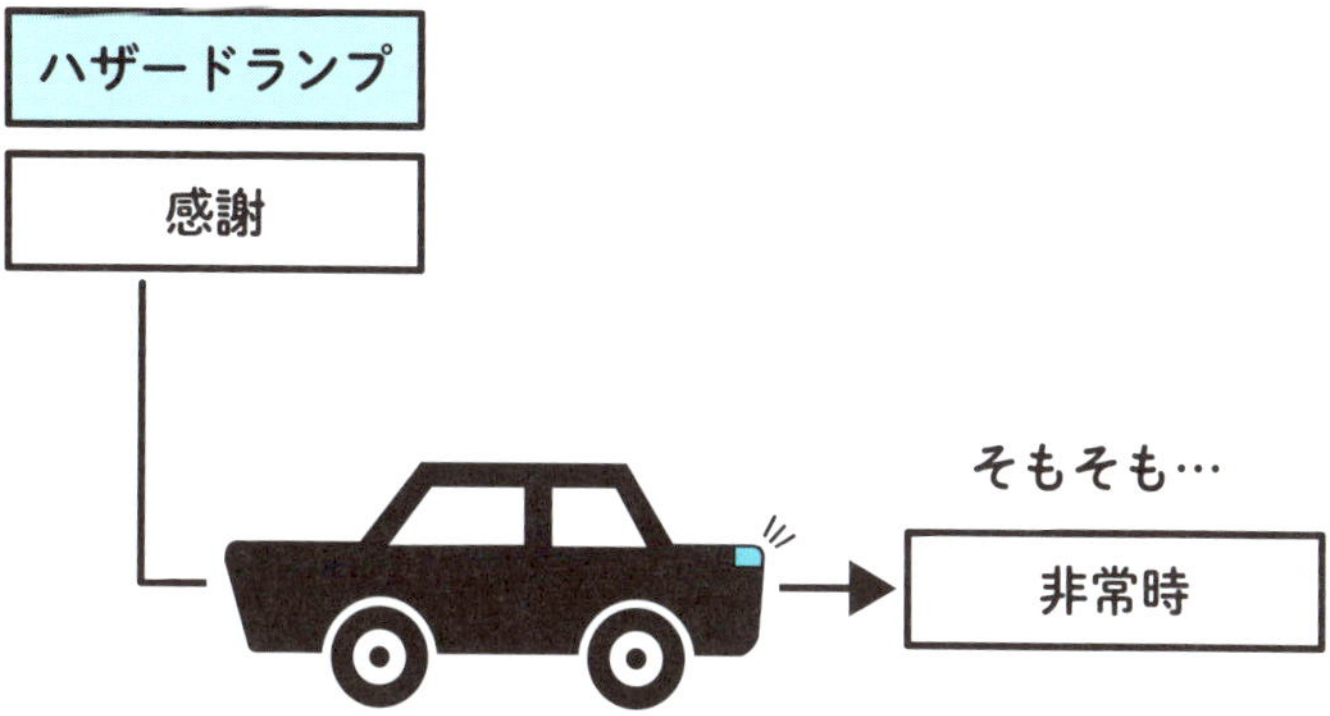

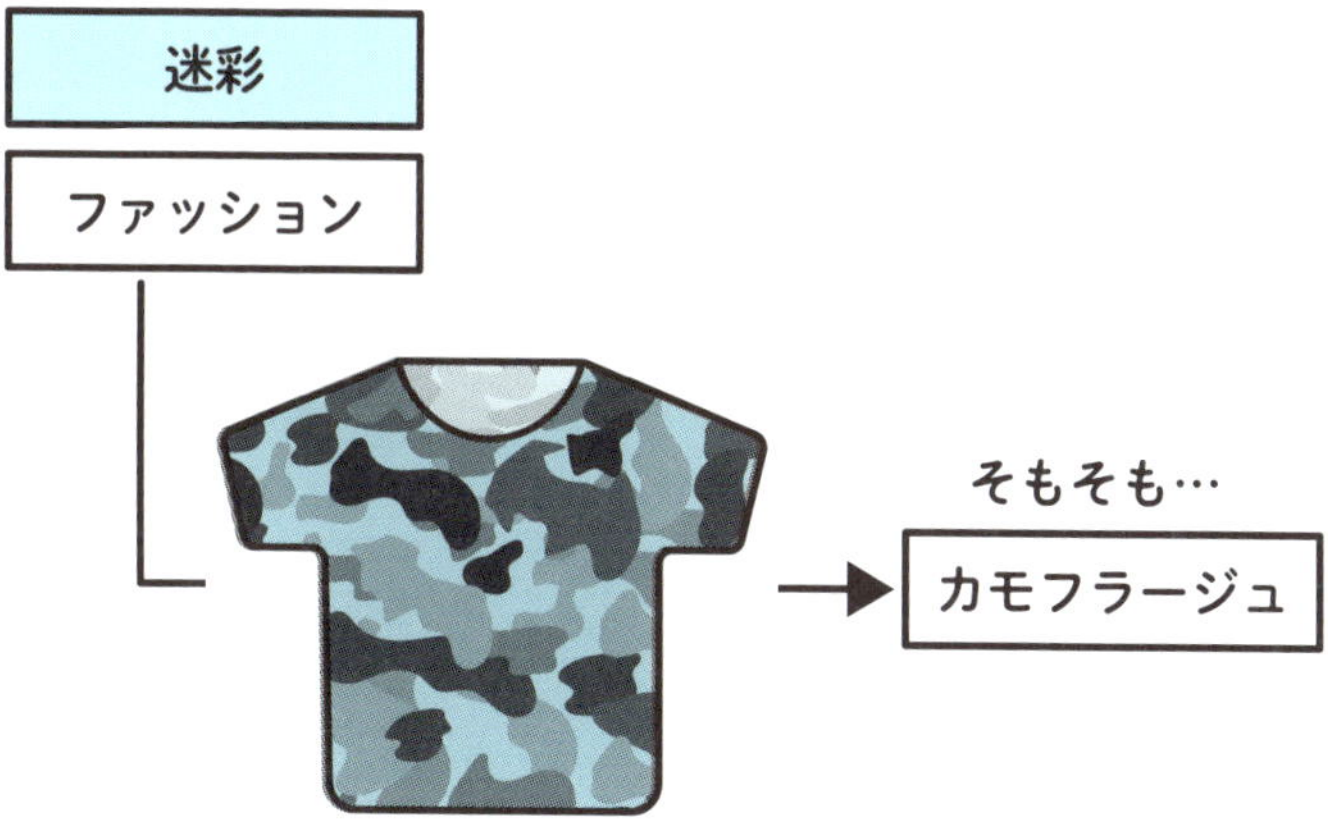

7 課題

人間カメラ

グループ

同じ景色を見ていても、感動するポイントや記憶に残る部分は人によって異なります。このワークでは、他人と自分の感覚の違いを認識できます。他人の思考とのギャップに気付くと思い込みが外れて、セレンディピティの力を伸ばすことができます。

やり方

①カメラ役とカメラマン役を決めます。安全を確認してからカメラ役は目隠しして、カメラマンに連れられ移動します。

②カメラマンは被写体をひとつだけ選び、「カシャッ」と言って30秒間だけ目隠しを取ります。カメラ役は目に映る風景をよく覚えておきます。

③安全な場所に移動して、カメラ役とカメラマン役は簡単に被写体のイラストを描きます。

同じ景色を見ていても、「視点」は人によって異なる

カメラ役にはカメラマン役の意図がわかりません。そのため、カメラマン役が写したかった被写体と、カメラ役が写した被写体にはギャップが必ず生じます。カメラマン役は花を写したかったのに、カメラ役は花瓶を写したということもあるのです。

すべての力を一気に高めるワーク「フラッシュブレイン」

ズルするのは悪くない！

私が最初に就職した会社は、大型コンピューターのシステム開発をしていました。新人研修後の初めての仕事は、ある商社に導入済みのシステムの改修でした。

当時は今のように開発環境が整っていなかったため、プログラマーによってシステムの作り方が異なっていました。「最終的に動きさえすれば良い」という作りになってしまっていたのです。

システムを作った本人以外には「どういう理屈で動いているのか」という仕組みがわかりません。そのため、担当者が辞めてしまうと、将来のメンテナンスに支障をきたす状況でした。そこで、誰でも理解できるようなシステムに変更するため、基礎工事からやり直す必要があったのです。

しかし、実際は完全にイチから作り直さなくても、すでに誰かが改修したものを再利用することができました。配属先では、再開発が済んでいる部分がかなりあったのです。そうしたプログラムは、後で使えるようにコピーしてある場合が多く、よく似たプログラムなら、タイトルだけ変えれば終了してしまいました。

これなら、新人社員が1日がかりの仕事を、たった3分で終えることができます。私は初め「人が作ったものを使うなんてズルいじゃないか」と思いました。しかし、そんな私に先輩は「これは先人の遺産だ」と言ったのです。考えてみれば学校の勉強なんかは、まさに先人の遺産の塊です。

イチから作ることにこだわるよりも、「先人の遺産」を探しだし、状況に応じてカスタマイズすることが、できる人の仕事術なのだと思いました。

今思えば、私はこの初仕事を通して、ラテラルシンキングに必要な3つの力を体験していました。ひとつ目は、「プログラムはイチから作るもの」という常識を疑うこと。2つ目は、前任者が残したプログラムの本質を理解して利用すること。3つ目は、配属先で先人の遺産を見つけ、その有用性を説明してくれた先輩との出会いというセレンディピティです。

そして、ラテラルシンキングに必要な３つの力を同時に高めるゲーム「フラッシュブレイン」も、先人の遺産から生まれたものなのです。

「先人の遺産」から生まれた、発想のチェックリスト

私はラテラルシンキングを広めるために、３つの力をよりわかりやすく説明できないかと考えていました。

そこで、「先人の遺産」を利用することにしたのです。

思考法における先人の遺産で著名なものは、発想の「チェックリスト法」です。１９４２年にブレイン・ストーミングを考案した、アレックス・フェイックニー・オズボーンの「チェックリスト」がもとになっています。

チェックリスト法は、発想するときの手がかりです。リストに沿って考えれば、楽にアイデアが出せるフレームワークなのです。項目は９つあります。

❶ Other use　他の使い道はないか
❷ Adapt　他の事例が使えないか
❸ Modify　変えられないか
❹ Magnify　拡大できないか
❺ Minify　縮小できないか
❻ Substitute　代用できないか
❼ Rearrange　順序を変えられないか
❽ Reverse　ひっくり返せないか
❾ Combine　くっ付けられないか

この9項目を埋めれば、少なくとも9パターンのアイデアが出ます。パターンを増やすために、100項目以上のオリジナルリストを作っている人もいます。

そして、リストをスマホに入れておいて、いつでも取り出せるようにする……なんて面倒なことはやらないでしょう?

私は当時システム手帳にリストを印刷して挟んでいましたが、必要なときにいちいち手帳を開くのが億劫《おっくう》でした。すると、リストを取り出すどころか、その存在自体を忘れてしまいます。

リストの内容を覚えておけば良いのではという意見もあります。ですが、９つもある項目を余裕で暗記して、すぐ活用できるほど優秀なら誰も苦労しません。

項目の多いチェックリストは、時間があるときに便利です。例えば、来年度に向けた企画会議などで印刷して使うと良いでしょう。逆に、**緊急の問題を解決するときは、簡易版のチェックリストが必要です。**

私は覚えやすく、すぐ使えて、ラテラルシンキングに必要な３つの力に絡めたリストを模索し始めました。

問題を解く４つのヒント

試行錯誤した結果、ラテラルシンキングで発想する際の「ヒント」として、次の４つに絞りました。そして、覚えやすいようにトランプのマーク「スペード」「クラブ」「ハート」「ダイヤ」に４つのヒントを連想させるようにしたのです。

♠スペード＝逆転（槍の向きが変われば、物事の立場が入れ替わる）
考え方の例：裏表・上下・前後・左右を逆にしてみる。

♥ハート＝変化（心が変われば、物事の見え方が変わる）
考え方の例：用途・意味・使い方・手順・基準・環境・土俵を変える。

♣クラブ＝大小（植物は茎や葉などさまざまな要素で構成され、時と共に成長し、姿を変えていく）
考え方の例：拡大・縮小して眺める、一部を取り外す、部分的に付け加える、バラバラに分解する、スピードを早めたり遅めたりする、過去・未来に注目する、時間・物事自体を長くしたり短くしたりする。

♦ダイヤ＝組み合わせ（宝石は組み合わせで輝きを増す）
考え方の例：別のものとくっ付ける、真似する。

それぞれのヒントは、はっきりと分けられるものではないので、別々のヒントから同じアイデアにたどり着くこともありますし、ひとつのヒントから別々のアイデアが出てくることもあります。スペードの「逆転」で発想したら、ハートの「変化」になってしまったということも大いに結構です。厳密に分けることが目的ではなく、あくまでも考えるときの入り口なのです。

「フラッシュブレイン」のルール

この４つのヒントを使って、ラテラルシンキングに必要な３つの力を同時に高められるゲームを作りました。それが、トランプを用いたカードゲーム、「フラッシュブレイン」です。ルールは簡単です。一人でも多人数でもできます。

❶ アイデアを出し合うテーマをひとつ決めます。みんなが知っているものが良いでしょう。
❷ 52枚のトランプを切ってふせて置きます。
❸ 上から1枚めくり、テーマについてマークをもとに考えたアイデアを30秒以内に発表します。

問題

テーマを「椅子」にして、考えてみましょう。

解答例

♠スペード↓逆転↓人間が背負う椅子（持ち運びに便利）
♥ハート↓用途を変える↓疲れる椅子（筋トレ用の椅子）
♣クラブ↓分散↓バラバラになる椅子（組み替えれば数人でも座れる）
♦ダイヤ↓組み合わせ↓冷暖房付きの椅子（季節を問わず快適）

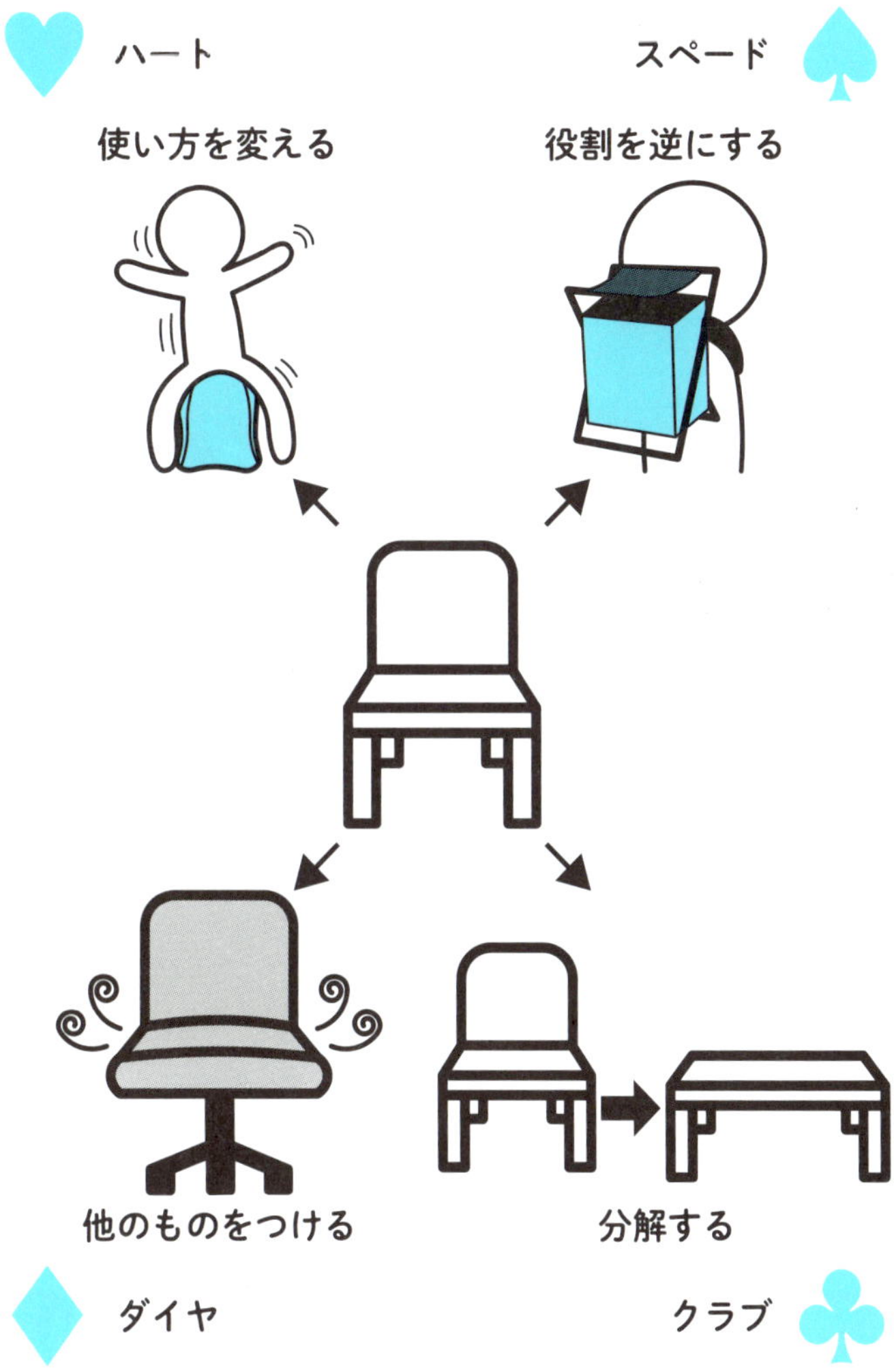
ハート
使い方を変える
スペード
役割を逆にする
他のものをつける
ダイヤ
分解する
クラブ

第3章

実践！ラテラルシンキングクイズ

なぞなぞ編

解答のコツは「楽しく」考えること

第3章以降では、3つの力を使って、ラテラルシンキングを身に付ける練習問題を用意しました。第3章はなぞなぞ形式、第4章はビジネスの現場で新しいアイデアが必要な場面を想定しました。第5章は、ビジネス上で起こりうるさまざまな問題を取り入れています。第6章は、「こんなことにも使えるのか!」というちょっと面白いネタをもとにしています。

ラテラルシンキングをいざというときに、スマートに活用するには練習が必要です。練習といえば、私は昔から宿題が嫌いです。夏休みや冬休みは「いっそ、休みなんかなければ良いのに」と思うくらい、国語の書き取りドリルや算数ドリルなど、たくさんの宿題をこなさなければなりません。学校を卒業した後も資格取得で苦労したので、「練習問題」と聞くといまだに嫌な思い出が蘇ってきます。私の他にもそういう方は多いのではないでしょうか。

でも、安心してください。次の章からは練習問題というよりも、楽しいクイズとして構成されています。「クイズ」と言われると、何だかワクワクしませんか？　私はテレビのクイズ番組などは、周りに誰もいなくても声に出してノリノリで答えてしまいます。何かを身に付けるときは、好きになることや楽しいことに置き換えるのが一番です。これも抽象化の力ですね。

だから、軽いノリで挑戦してください。普通のクイズと違うところは、答えがひとつとは限らないところです。ラテラルシンキングは答えを限定しません。たくさんの可能性を探り、アイデアを出せるようにすることが大切なのです。みなさん、頑張って考えてみてください。

クイズを解くヒントとして、フラッシュブレインの４つのマークを活用します。問題の後にヒントと解答例を付けますので、参考にしてください。

Q

問題❶

ペットボトルタワー

ランチタイムに、４人でカレー店へ入った。ちょうどライス切れで、炊きあがるまで少々時間がかかるという。そこで、待ち時間にゲームをすることにした。開栓していない500㎖炭酸飲料のペットボトルが４本ある。それを一番高く積んだ人は、他の３人からカレーをおごってもらえる。手元にある金属製のカレースプーン４本も使って良い。

どうすれば、１番高く積めるだろうか？

ヒント

♠ ペットボトルの向きに注目しよう

♥ ペットボトルは何をするためのもの？

♣ 分解してみたら？

♦ 組体操みたいにできないか？

答えの例

- 1本は飲んで空にする。中身の入ったペットボトル3本を土台にして、空にしたペットボトルを逆さにして乗せる。
- スプーンで3本のペットボトルの上に足場を渡す。その上にペットボトルを乗せる。

解説

ロウソク問題のように、２つの道具を多視点で眺めてみましょう。中身の入っているペットボトルを積み上げようとしても、重さでツルッと滑ってしまいます。上に重ねるものを軽くすれば解決できます。組体操のように、スプーンをお互いのバランスを利用して組み合わせた上にペットボトルを乗せても良いです。

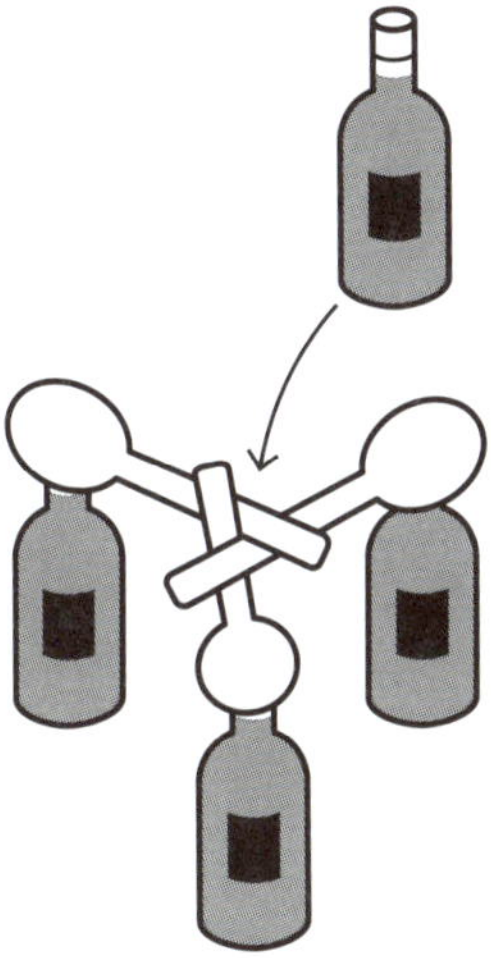

Q

問題❷

田中さんは歯が痛い

フリーランスで仕事をしている田中さんは歯が痛いのに、あちこちの外科医院に通っている。早く歯を治せば良いのに、なぜ外科に通うのだろう？

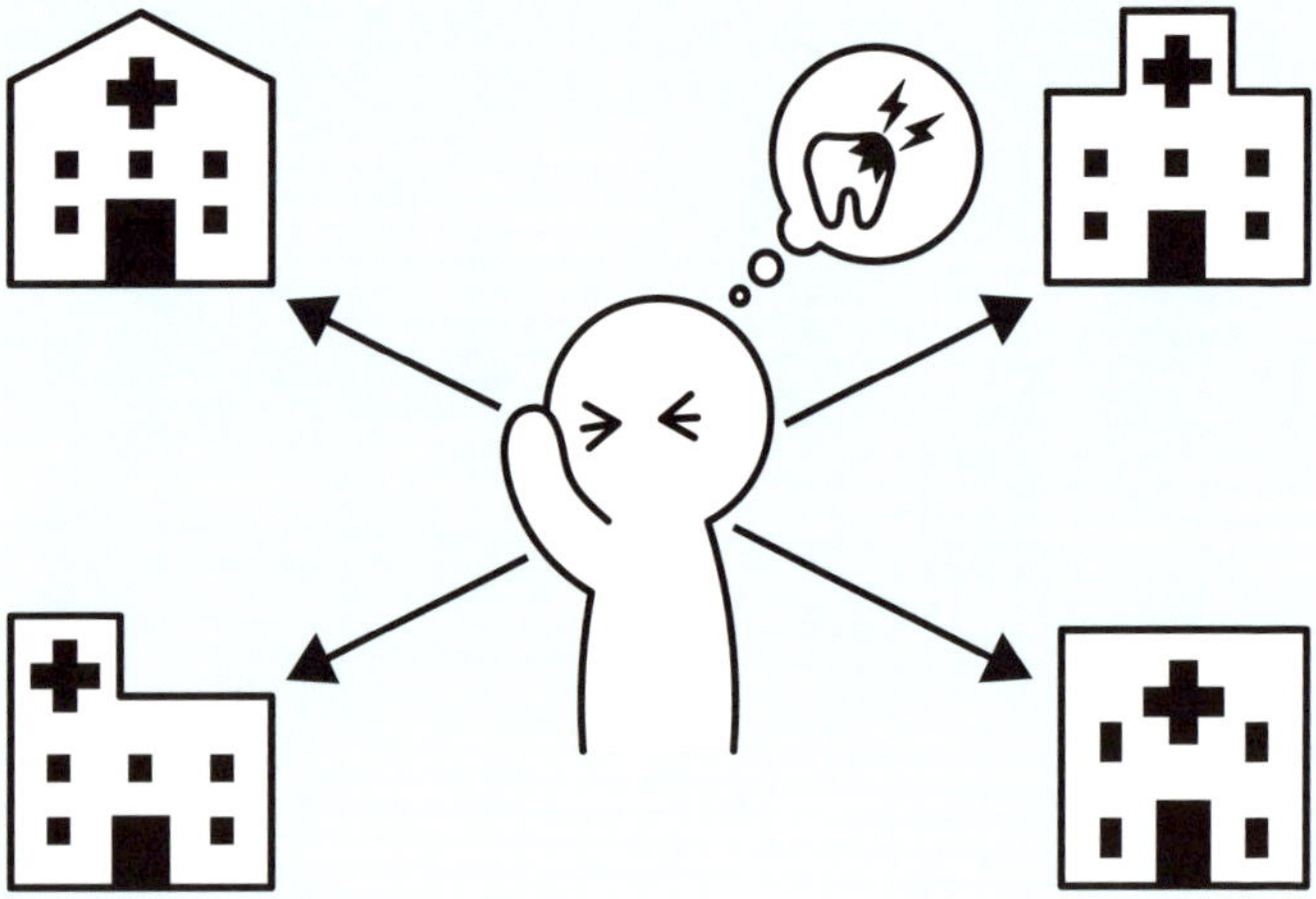

ヒント

田中さんは何を治したいのか？

なぜ人は病院に行くのか？

複数の病院に通う理由は？

病院に関連するものを探してみよう

答えの例

- 田中さんは全身具合が悪く、それぞれの病気について専門性の高い外科医院に通っている。
- 外科医院の医療器具をメンテナンスする仕事をしている。
- 外科医院専門のホームページ制作を仕事にしている。
- 外科医をクライアントに持つ医療訴訟専門の弁護士である。
- フリーランスのレントゲン技師である。
- 虫歯ではなく、顎などの外科的な問題からくる歯の痛みだから。

解説

歯が痛いのに外科医に通っていると聞けば、「外科医だろう」と思うでしょう。ところが、田中さんの職業はフリーランスであること、あちこちの外科医院に訪問しているという点が引っ掛かります。外科に関係する仕事と仮定すると、いくつも発想が浮かびます。さまざまな可能性を考えてみましょう。

Q
問題 ❸

ケチな人びと

3人の同期入社の社員が成果を上げたので、2万円の報奨金をもらうことになった。

ところが、分配にあたって3人とも1円でも少ないと嫌だし、3人以外には1円もやりたくないともめている。

どうやって分ければ良いだろうか？

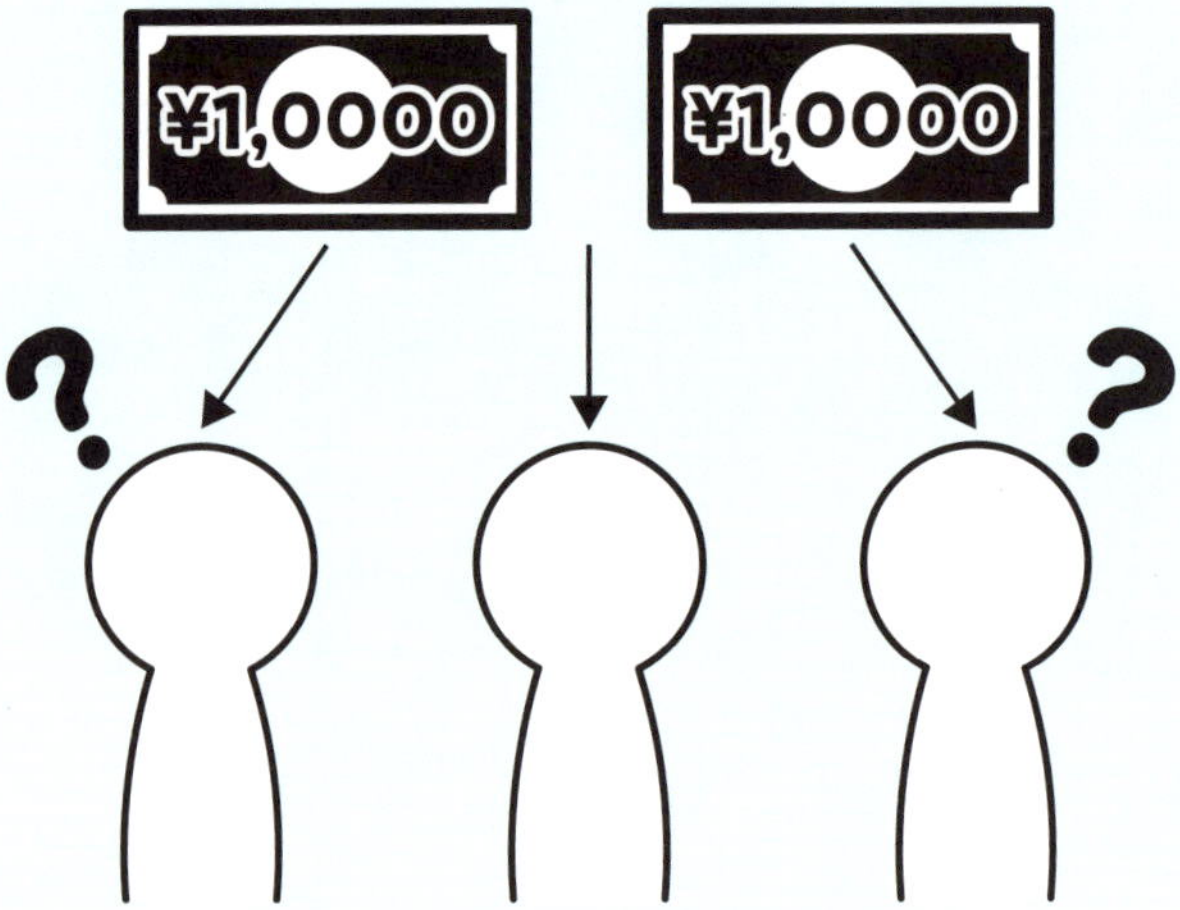

ヒント

♠ 必ず貰わないといけない？

♥ ２万円で何ができる？

♣ 今すぐ使いたい？

♦ 何かと足し算できない？

答えの例

- そもそも受け取らない。
- 全額または割り切れない分を寄付する。
- 次回の報奨金をもらったときに合算して分ける。
- お祝いに、回らない寿司屋に入って「この2万円で3人分握ってくれ」と言う。
- 端数にいくらかお金を足して、共同で使える何かを買う。

解説

この場合は、きっちり割り勘タイプよりもどんぶり勘定的な考えの人が有利かもしれません。

単純に割り算すると、２万円は３人で割り切れません。

数字ではなく、別のものに置き換えたり、次回の報奨金と合わせたり、いっそのこと返したりという発想が問題を解くカギになります。

Q

問題④

勝手に加重するトラック

制限重量ギリギリの荷物を積載した大型トラックが走っている。やっと目的地に着いたとき、なぜか制限重量をオーバーしてしまっていた。途中で新たに荷物や人を乗せたわけでもないのだが、一体なぜだろう？

ヒント

♠ 追加で乗せられるものは何か？

♥ 「荷物」「人」の幅を広げよう

♣ 荷台以外にものや人を積めるところはないか？

♦ 「増える」現象をいろいろ探してみよう

答えの例

- ガソリンスタンドで燃料を入れた。
- いつの間にかトラックの荷台に誰かが乗っていた。
- たくさんの渡り鳥が荷台に止まった。
- 荷台に雪が降り積もっていた。

解説

格安航空会社では機内持ち込み手荷物の重量制限があります。空港の待合室でお土産を買うのに夢中になっていると、うっかりオーバーしてしまうこともあるでしょう。

同じように「重さ＝荷物」と考えていると、積み荷ばかりに意識を取られます。トラックには荷物だけではなく、燃料や荷台の上に乗るものも加わります。普段目に付かないような部分にも注目しましょう。

Q
問題 5

「はじめまして」

　ある３人の女性はそれぞれ一度も会ったことがない。
　しかし、街で会ったとき、お互いをすぐに認識できた。なぜだろう？

ヒント

本当に会ったことがないのか？

「会う」の意味を広げてみる

人と会う方法は何がある？

物語からヒントをもらおう

答えの例

- 3人ともSNSに投稿しており、お互いその読者であった。
- 共通の人物がお互いを紹介してくれた。
- 3人はそれぞれ消防官、自衛官、警察官であり、当日は制服を着ていた。
- 3人ともファッションモデルであり、イベント当日に同じ会社の未発売ファッションを着用していた。
- 3人とも人気アイドルなので、メディア出演を見て知っていた。

解説

他にも人類が滅亡して最後の３人だった、３人とも超能力者で心を読みあったなど、脚本家になったつもりで発想してみましょう。常識の枠がなくなります。

最近はスマホですぐに連絡できるので、待ち合わせの場所や時間を細かく決めていなくても会うことができますね。昭和の頃は時間と場所をきっちり決めて、当日の服装なども教えていました。今でも、現場で初めてお会いする場合にはこの方法が使えるでしょう。

ＳＮＳなどが普及して、人と「会う」ことの概念が変わり始めています。時代の変化を捉えることが、ラテラルシンキングでは大切なのです。

Q
問題 6

雲をとらえる人

「雲を掴む」は「とらえどころのない」と言う意味になる。

　ところが、「私は雲をキャッチできる」と言う人がいる。本当にできるのだろうか？　どんな方法があるだろうか？

ヒント

♠「掴める雲」と「掴めない雲」の違いは？

♥「雲」の定義を広げよう

♣雲のどの部分なら掴めるのか？

♦雲と関係のあるものを探そう

答えの例

- 雲の写真を撮る専門のカメラマンが言った。
- 「雲」という名前の人を掴む。
- 絵本に描かれた雲を掴む。
- 雲の高度より高い山に登って袋を振り回す。

解説

最初から「そんなはずがない」と全面否定せず、どういう状況なのか考えましょう。実際に関東地方の奥秩父には、文字通り「雲取山《くもとりやま》」があります。

１９４３年ＩＢＭの初代社長、トーマス・ワトソン・シニアは、まだコンピューターが１台も完成していないのに、全世界に５台もあれば充分だと言いました。それから、60年後の２００３年、世界中にコンピューターの台数が増えすぎて管理しきれなくなりつつあります。そこで、複数のコンピューターを「大きな１台のコンピューター」として扱う「クラウド」という技術が発達してきました。数十年後、世界のコンピューターは、５つのクラウドに集約されるかもしれません。

「ありえない」と思われる発言を笑い飛ばすのではなく、検討してみると新しい発見がありそうです。

線をかく方法

Ａ４用紙に鉛筆１本で直線を引くには、紙を折り曲げてまっすぐ定規のように使う。

では、この紙で放物線をかくにはどうしたら良いだろうか。

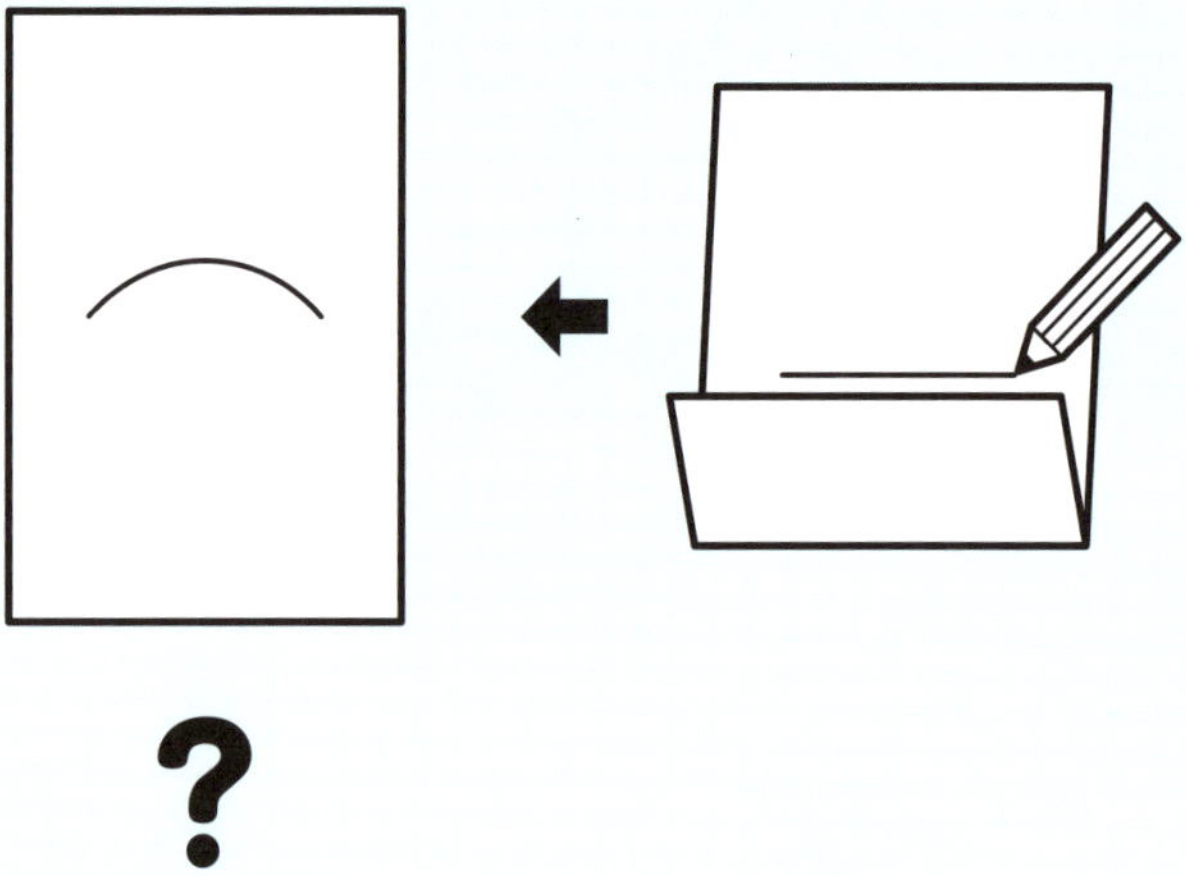

ヒント

♠ 「かく」以外に方法はあるか？

♥ 「紙」の用途に注目しよう

♣ 「かく」の意味に注目する

♦ 他に使える道具はないか？

答えの例

- 紙を丸めて、放物線を描くように放り投げる。
- 紙に「放物線」という文字を書く。
- アプリで放物線を作画し、紙にプリントアウトする。
- 紙にたくさんの直線を組み合わせて放物線にする。

解説

「鉛筆」で「書く」という発想から離れると自由度が増えます。

ＱＢハウスの創業者の小西國義《こにしくによし》氏は、行きつけの理容室で髪を切ってもらっているとき、タオルやほうきを取りに行くムダな時間が多いと感じました。「自分を含め、お客さまはこのムダなコストを払わされている。なんとかしたい」と、55歳で会社を辞めて理容業界に参入しました。ムダをなくすため、あえて洗髪せずに掃除機で吸い取る方式にしたところ、シャンプー台が不要になり、開店コストが安く済みました。また、組合に入っていないので、月曜日定休や料金の縛りもなく、10分１０００円カットと宣伝できます。旧態依然とした業界のおかげで、逆に急成長を遂げることができたのです。

複雑になりすぎたものを、シンプルに捉え直すとビジネスの幅は広がります。

第4章

実践！
ラテラルシンキングクイズ
ビジネス発想編

Q

問題❶

目指せ！ヒットメーカー

新人社員のあなたは、車に関する新製品や新しいサービスの開発を依頼されました。条件はライバル社に負けないものにすること。どのような方針で考えますか。

ヒント

「車」に関することで、できないと思い込んでいることはないか？

「車」に乗る理由を考える

部分的に改良できる、まだ改良していないところはあるか？

他の業界とコラボできないか？

答えの例

- 取扱説明書に書かれている禁止事項をすべて可能な設計にする。
- 製品のデザインのみをさらに良くする。
- 高額な高性能製品を作り、使用したときだけ料金をもらう。
- 定額でガソリンを使い放題にする。
- ライバル製品とは違う業界と手を組んで開発する（例：携帯電話＋カメラ機能→「写メール」）。
- 駐車場を使い放題にする。

解説

多くの会社は、他社より商品スペックを良くすることや価格を下げることを考えます。しかし、スペックの改良や価格競争は限界があります。そのため、自動車の燃費競争では、追い風のときに走行距離を計ったり、計測ソフトに細工したりして、データの捏造に走ってしまったわけです。

エドワード・デボノは、フォードから「どうすればもっとクルマが魅力あるものになるか」を尋ねられて、「主要都市の中心部にある駐車場を買い上げて、フォード車専用の駐車場にすべきだ」とアドバイスしました。自動車メーカーとしてだけでなく、車と関連した別の事業に参入することを勧めたのです。

他にも、取扱説明書で禁止されているような弱点を利用しても良いでしょう。例えば、「水濡れ注意」を「水辺で使用可」とすればアピールできます。

Q

問題❷

おにぎり革命

　コンビニでおにぎりが売られるようになって、「おにぎりは家で作るもの」という常識が変わった。今日までコンビニのおにぎりは、具材から価格までさまざまな差別化を図ってきたが、近年マンネリ化しているように思う。新しいコンビニおにぎりのアイデアや関連するグッズを考えよう。

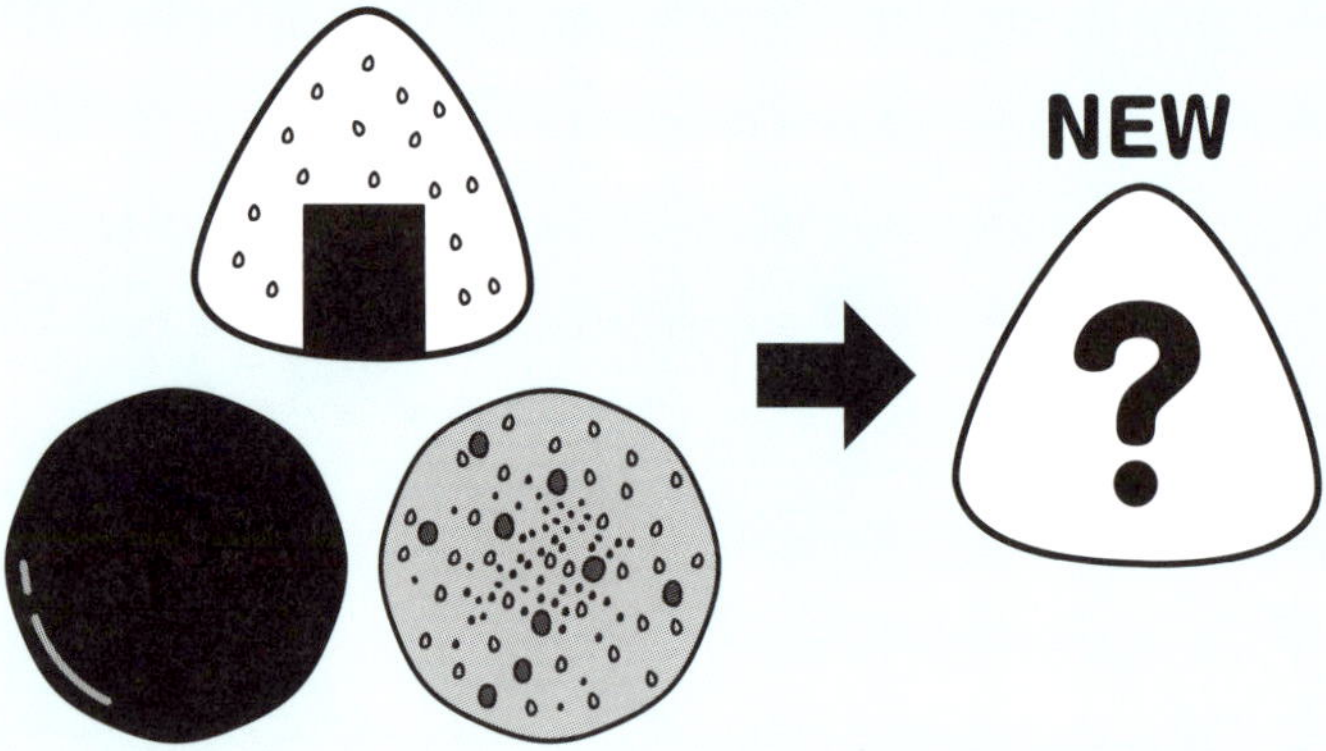

ヒント

現状のコンビニのおにぎりに不満はないか？

「手軽さ」以外の利点は何だろう？

おにぎりが必要な場面を考えよう

周りの人びとの行動を観察してみよう

答えの例

- おにぎりやサンドイッチ用の衛生手袋を作る（潔癖症の人だけでなく、工事現場や農園などの作業で汚れた手でも、持って食べられるようになる）。
- デザート用のおにぎりを作る。
- 白米と具を別売りにして、組み合わせを楽しむおにぎりを作る。

解説

視点を変えたり、別のカテゴリーのものと組み合わせてみたりすると、まだ新しい可能性が見つかるはずです。周りの人の行動の変化に注目してみるのもひとつの手です。

衛生面に敏感な人が増えています。ポテトチップスを直接指で触れずに食べられるグッズも登場しています。電車のつり革にも触れない人が、キレイに食べられるおにぎりが作られても良いでしょう。

Q
問題❸

温泉復活物語

古代の海水が地熱で温められてできた、豊富な湯量を誇る秘湯がある。しかし、数年前、がけ崩れで温泉へ繋がる道路が寸断されてしまった。現在は復旧されて以前より施設も立派になったが、風評被害のためか、客足が途絶えてしまった。

なんとか復活させられないだろうか？

ヒント

お客さんが来るのを待つ以外にできることはないか？

温泉で何ができるか？

温泉水でできることはないか？

最近の流行を活用できないか？

答えの例

- 普通のホテルやスポーツクラブに、温泉水をタンクローリーで運んで販売する。
- 温泉水を利用して伊勢エビやアワビ、フグなどの小型の高級魚を養殖する。
- 温泉宿を企業向けのサテライトオフィスにして誘致し、保養を兼ねた異業種交流施設としての利用を提案する。

解説

本来の用途や場所に捉われずに考えましょう。

風評被害に限らず、過疎化で旅館などの施設の運営を維持できないという地域が増えています。

過疎化に悩む栃木県那珂川町《なかがわまち》では、生理食塩水に近い濃度の温泉水を利用できないかと試行錯誤を繰り返します。たどり着いた答えがトラフグの養殖です。海での養殖だと出荷まで1年半かかるところを、那珂川町の温泉だと1年で出荷できるので、エサ代も節約できます。輸送の際もマグロなどより、トラフグは手頃なサイズで手間がかかりません。

使われなくなった布

最近、卒業式、成人式、結婚式……と和服を着る機会が少ない。そのため、絹織物の需要が減ってしまっている。絹織物の技術伝承も危うい。もっと絹織物を売る方法はないだろうか？

ヒント

♠ 和服でないとだめ？

♥ 和服の用途を広げてみる

♣ 和服のカタチに注目しよう

♦ 和と相性の良いものはあるか？

答えの例

- 高級ホテルや豪華クルーズ客船の壁紙に使う。
- スマホのカバーなど、日用品に活用する。
- レストランのテーブルクロスにする。
- 高級車のイスに使う。
- 高級楽器のケースカバーに使う。

解説

大量に布を使う場所を見つければ良いのです。徳島県のアオアヲナルトリゾートでは、「泊まれるギャラリー」としての客室を造りました。藍染職人が染めた布を壁紙にしており、布団カバーやふすまも藍染製品で統一しています。藍の魅力がわかるようになっているのです。

Q

問題5

売れない箸

最近では中国などの安価な外国製の箸が主流になり、日本製は売れない。職人が一本ずつ丁寧に手作りしているため安くするのも難しい。どうしたら売れるのだろう？

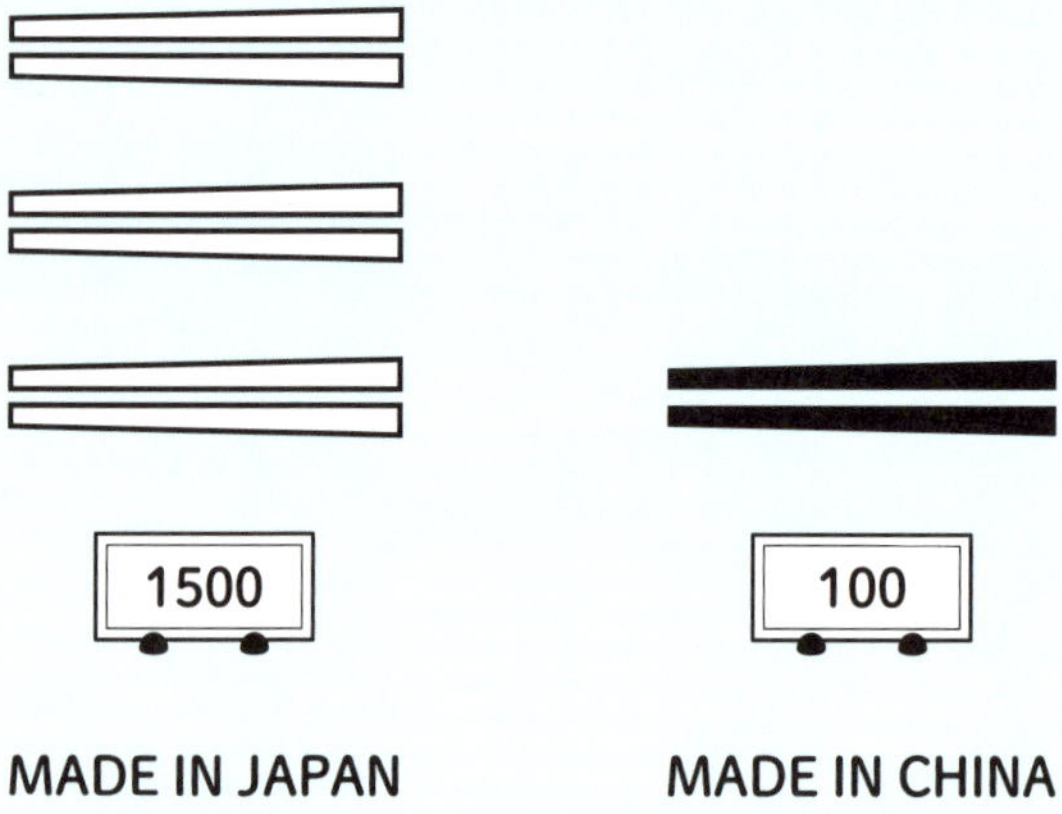

ヒント

♠ 箸にはブランドを作れない？

♥ どんな箸なら高くても買ってくれるか？

♣ 食事以外の場面で使えないか？

♦ 他に値引きしなくても売れているものはないか？

答えの例

- お守りとして売り出す。
- 一生折れない高級箸として売り出す（「心が折れない」とかける）。
- 「棒菜箸（ぼうさいばし）」と名付け、防災イベントで配布するグッズとして売る。

解説

「安くないと売れない」という考えから離れてみましょう。

値引きされると、欲しくなくなるものに、神社仏閣のお守りがあります。値引きすると、「ご利益がなくなる」と思われるからです。

福井県小浜市の「箸匠《はししょう》せいわ」は、近くにあるお寺に参拝に来る観光客を店に呼び込むことを考えました。機械では加工できない五角形の箸を職人に作ってもらい、これを「受験お守りの合格箸」として売ったら大当たりしたのです。

その後、五角形の箸を2つ合わせて「十角箸《トオカク》」としたら、当選祈願にたくさんの人が買いにきました。こちらはネーミングを変えただけです。もちろん、箸先に「滑り止め」が付いていることを強調するのも忘れませんでした。

アウトドア大作戦

あなたはアウトドア用品の企画担当をしている。

アウトドアをホテルのように快適に楽しめる「グランピング」のように、新しい使い方をなんとか提案できないだろうか？

ヒント

♠「アウトドア」でないとだめなのか？

♥ アウトドアの目的を変えてみる

♣ どんな人がアウトドアを楽しむのか？

♦ アウトドアと新しい要素の組み合わせを考えよう

答えの例

- 災害用の備蓄として提案する。
- 日常でも使える家具として提案するイベントを行ったりカフェをオープンしたりする。

解説

非日常を味わうためのキャンプを日常でできるように提案してみます。

アウトドア用品の老舗「ogawa」は、キャンプをテーマにしたカフェをオープンしました。室内に張られたテントの中で、キャンプ飯を楽しめます。店員を呼び出すときは、ランタンをテントの外のポールに掛けます。カフェで使用されている用品はすべて購入可能です。お客さまは、カフェで実際に試して、気に入ったら購入できます。

アウトドア初心者には、カフェをきっかけにして興味を持ってもらう。すでにアウトドアを楽しんでいる人には、アウトドア用品を試してもらう。さらに、カフェの収益で維持費を賄うという一石三鳥の効果が生まれています。

第5章

実践！
ラテラルシンキングクイズ
ビジネス問題解決編

Q
問題1

ガラガラのお店

ある飲食店は、いつも行列ができている。負けじと近くに店を構えたが、来客はなかなか増えない。味も価格も負けておらず、むしろ優れている。

何かアピールする方法はないだろうか？

ヒント

♠ 行列ができないとだめなのか？

♥ 「空いている」利点を見つけよう

♣ お客さまの視点で考える

♦ いろんなタイプの人気店を観察してみよう

答えの例

- 空いていることをアピールする。
- 「行列が嫌いな方のための店」と宣伝する。

解説

行列が欲しいのは、お客さまではなくてお店です。お客さまとしては、安くて美味しく、サービスも良い店を求めています。

小林《こばやし》一三《いちぞう》氏は阪急電鉄を始めとする事業を開始したとき、既存の阪神電鉄に勝てず悩んでいました。路線とともに田園地帯を開いて住宅地として売り出しましたが、鉄道の利用客は増えません。そこで、思い切ったキャッチコピーを考えます。「ガラガラで、眺めも良い」と逆に空いていることをアピールしたのです。クーラーがない時代ですから、夏の満員電車は暑くてかなわないでしょう。そのため、座って通勤できる阪急は人気路線となりました。そうなると、今度は空いていることをウリにできないのですが……。

Q
問題❷

ゲームセンターの反撃

あなたはゲームセンターを経営している。先日、外国製の硬貨を100円玉に偽造したものが見つかった。ゲーム機はたくさんあり、そのすべてに高価な判別機を取り付けるのは難しいため困っている。どう対処したら良いだろうか？

ヒント

判別機を使わない方法はないか？

硬貨は何のために必要なのか？

お客さまの平均滞在時間はどれくらいか？

他のサービス業の仕組みを利用できないか？

答えの例

- 入場料を払ったら、遊び放題にする。
- 入店時に、ゲームセンターだけで使えるコインに交換するシステムにする。

解説

そもそも硬貨を使わせない仕組みを作りましょう。

東京ディズニーリゾート、ユニバーサル・スタジオ・ジャパンなどのテーマパークでは、一度入場料を払えばアトラクションが乗り放題です。入場の際に料金を支払ってもらえば、コインを回収したり、両替のための硬貨を準備したりする手間も省けます。それに、お客さまの有無に関わらず電気代はかかるのですから、その分の経費も盛り込んだ料金設定にしておけば良いのです。

Q

問題 ❸

もったいない！

あなたは飲食店を経営している。ある高級食材を知人から特別なルートで仕入れているが、いつも余ってしまう。

原価ギリギリで提供しているので、これ以上料金は下げられない。知人の顔を立てるためにも仕入れは減らせない。

なんとか売り切る方法はないだろうか？

ヒント

♠ 売れないのは値段だけが理由だろうか？

♥ 高級食材の使い道を考えよう

♣ どんな状況にすれば、高級食材から売り切れるだろうか？

♦ 高級食材と相性の良いキーワードは？

答えの例

- バイキング形式にする（食べ放題の目玉食材として使えば、真っ先になくなる）。
- 高級食材を使った料理教室を開く。
- もっと高い食材を使った料理を用意して安く見せる。

解説

カニやウニ、ローストビーフといった、普段自分では買ったり作ったりして食べないような食材を目玉にすると宣伝効果が上がります。「数量限定」とうたって、注文を促すのも手です。

「俺の株式会社」では、「俺のイタリアン」を始めとした飲食店で、さまざまな料理を低価格で提供しています。「俺のフレンチ」では開店当初、ミシュラン級のレストランなら７０００円くらいする「牛フィレとトリュフのロッシーニ風」を１４８０円で出していました。これが話題になり、開店前から行列ができるようになったのです。低価格の秘密は、立食形式で長時間滞在ができないため回転率が高いこと、おすすめの食材からどんどん売り切れてしまうため、ロスが一切出ないことです。

Q

問題 4

損しない値上げ術

　ある飲食店は原材料の高騰により、500円でやってきたランチを値上げしなければいけなくなった。しかし、お客さまが他店に流れるのはふせぎたい。

　新価格を快く受け入れてもらえる方法はないだろうか？

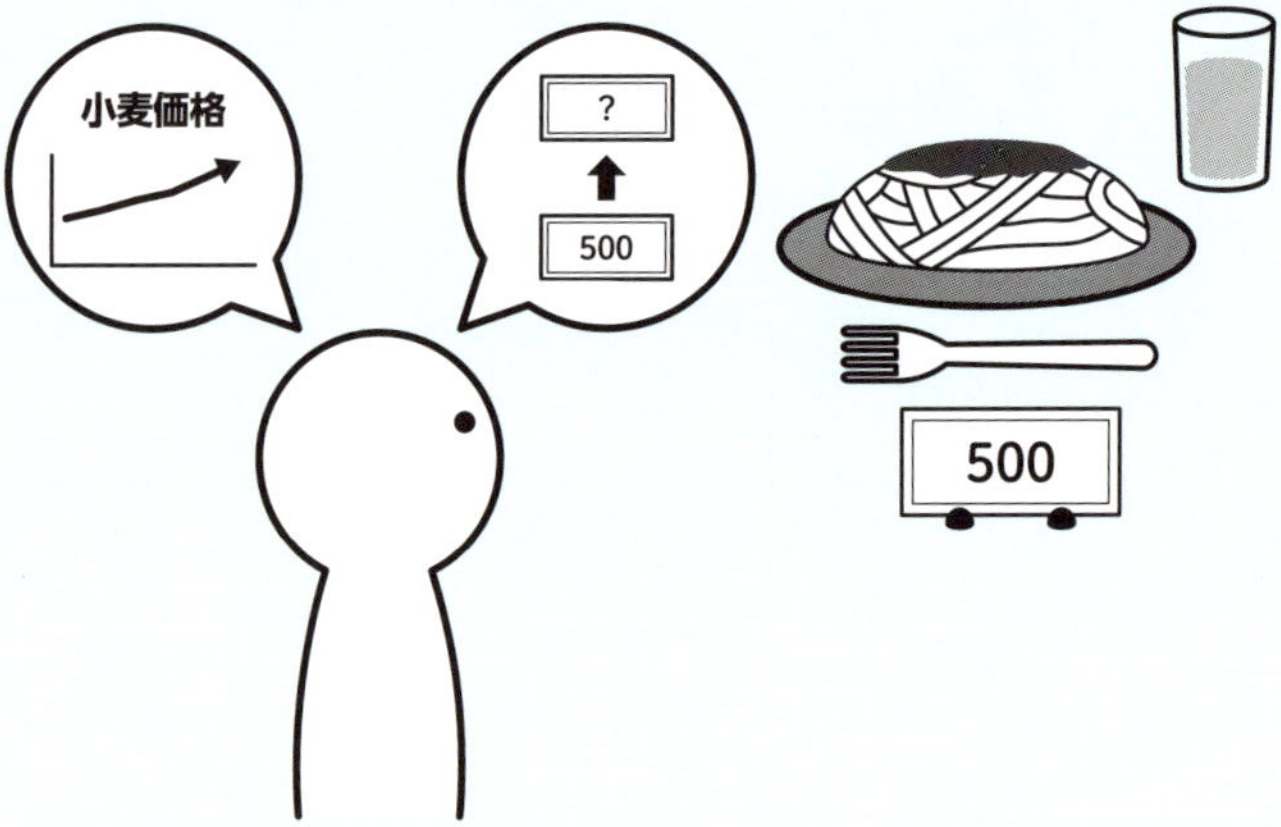

ヒント

お客さまが来なくなるのは、どんな場合か？

値上げしても「うれしい」のはどんなときか？

普通の飲食店でやっていないことは何か？

「ランチ」の他に工夫できることはないか？

答えの例

- より高価格のランチメニューを加える。
- お土産として、「3時のおやつ」を付ける。

解説

より魅力的な新メニューがあれば、高くても喜んで注文するでしょう。メニューを増やさず、食後のお持ち帰りコーヒーを２００円で提供するという手段もあります。

東京の人形町で軍鶏料理を提供する「玉ひで」は、６００円の親子丼が有名でした。しかし、実は赤字ギリギリでサービスもおざなりになっていました。そこで、山《やま》田《だ》耕《こう》之《の》亮《すけ》氏は8代目に就任する際に８００円に値上げし、さらに１５００円の「極上親子丼」を加えます。日本も豊かになり、安かろう悪かろうでは許されない。安さ以上に味とサービスへの注目を考えたのです。この高級化路線が当たり、値段と共に品質も向上したため、行列は途絶えませんでした。最終的には３０００円の「極意」というメニューを筆頭に、8年かけて約3倍の値上げに成功しています。

Q

問題 5

混みすぎのレストラン

ある飲食店は低価格のためか、近くに競合がないためか、いつも混雑している。ホールスタッフの数が足りないため、お客さま対応に手が回らない。

どうしたらこの飲食店を切り盛りできるだろう。

ヒント

♠「おもてなし」は絶対必要？

♥飲食店に来る人の目的から考える

♣やめられることはないか？

♦人手を必要としないビジネスを参考にしてみよう

答えの例

- すべてセルフサービスにする（お客さまにサービスを肩代わりしてもらう）。
- 持ち帰り専門店にする。

解説

提供する側が思っているより、お客さまはお気に入りの店に協力的です。お客さまが自分で材料を持ってきて、店の厨房を借りて作る店もあります。それなら、料理を自分のテーブルに持っていったり、食べ終わった食器を戻したりするくらい、厭わない人は多いでしょう。お客さまにほとんどのサービスを任せてしまえば、ホールスタッフの数は少なくても大丈夫です。

東京神田神保町にある「未来食堂」では、50分働くと一食を得る権利をもらえます。この権利は、自分で使っても良いし、誰かにあげても良いのです。

Q

問題❻

いつまでもいる客

個人経営のカフェ。飲み物を１杯だけ頼んで、何時間も居座る客がいる。満席になっても席に座ったまま。喫茶店は通りに面していて客足が途絶えないが、通りがかった人は店内の様子を見て、空席がなさそうだと帰ってしまう。

居座り客をなんとかできないだろうか？

ヒント

♠ もっと長く居座ってもらうためにはどうしたら良いか？

♥ なぜカフェに来るのだろうか？

♣ カフェで利用できるものは何だろう？

♦ カフェ＋αのアイデアを探そう

答えの例

- イスの座り心地を悪くする（多くのチェーン店では座る位置が絶妙に高く、楽な姿勢でリラックスできないようにする工夫をしている）。
- せっかく居座ってくれるのだから、店番をしてもらう。
- 時間制にする。

解説

商品ではなく時間に対して料金を取るように転換します。

田中千一《たなかせんいち》氏は、喫茶店にコミックや雑誌が少ししかないことに疑問を持ちます。そこで思い切って、コミックを1万冊、雑誌を１５０冊以上揃え、発売日には書店と同じように陳列する複合カフェを開業します。「大量のコミックが置いてある」という噂を聞き付けたお客さまで、カフェはたちまち満席になりました。しかし、そのままでは入店できないお客さまが出てしまいます。そこで、彼が普段から利用している駐車場の料金システムをヒントにしたのです。今までの滞在時間のデータから、1回の利用は1時間30分と設定し、それ以上は10分ごとに30円加算しました。

壊される自動販売機

昭和の時代、ある自動販売機は淹れたてのコーヒーを提供していました。ところが、利用者から叩かれたり、蹴られたりして故障してしまいました。

壊れないようにするには、どうしたら良いでしょうか。

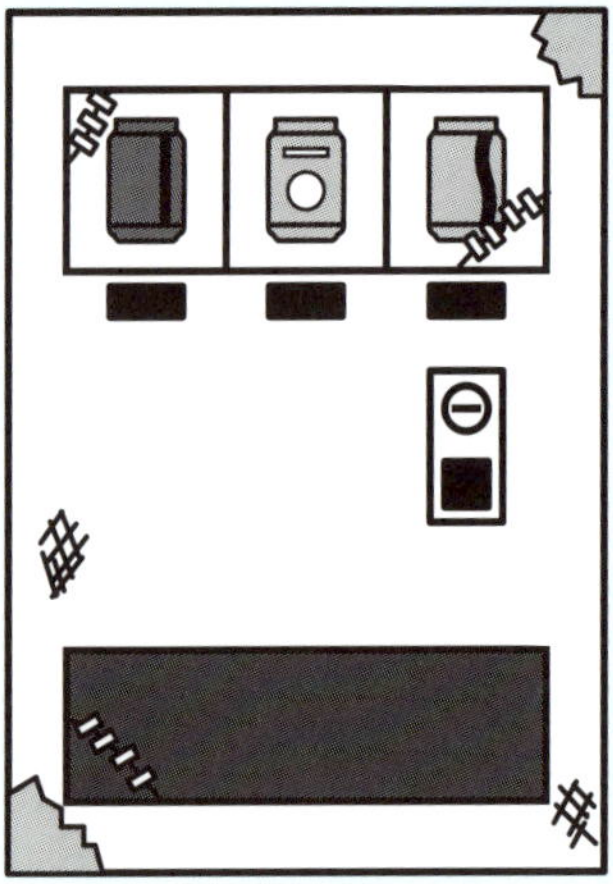

ヒント

♠ もっと叩かれるようにするには？

♥ なぜ叩くのか？

♣ 自動販売機に問題があるのか？

♦ 叩かれないように、どんな機能を追加したら良いか？

答えの例

● 淹れている間に、わざと音を出すようにする（音が出ないと、故障していると勘違いして叩くから）。

● 自販機をクッションなどで保護する。

解説

人の行動には理由があります。その理由を探ると、新しいアイデアに繋がるかもしれません。

スマホを操作すると、画面に結果が表示されると共に、手にブルッという感触が伝わります。インタラクションという利用者の操作に対するシステムや機器の反応です。動作の過程が外からわからないので、あえて動いていることを伝えて安心させています。

現在の自動販売機では、コーヒーができ上がるまで、電光パネルで「抽出中」などと表示して、動いていることがわかるようにしています。

ハイブリッド車もエンジン音が小さすぎて、近づいても歩行者に気付かれない場合があるため、疑似エンジン音を義務付ける動きがあります。

Q

問題 8

感じの良い店員

デパートＡではスタッフの教育に悩んでいた。同じ区画にあるデパートＢの店員はみんな接客が素晴らしい。

デパートＢではどんな教育をしているのだろう？

ヒント

「感じの良い」は作れる？

「接客」の目的はものを売るため？

できるだけ楽にサービスを向上させるには？

他部署と連携して何かできないか？

答えの例

- 最初から感じの良い人を採用する。
- 感じが良かった人を表彰した顔写真を貼り出す。
- お客さまに感じが良かった人へ★のシールを投票してもらい、店員の胸バッチに付ける。

解説

「接客＝教育するもの」という前提を疑ってみましょう。

１９０１年にアメリカのシアトルで誕生した「ノードストローム」は、CS（顧客満足度）の教科書に必ず登場するデパートです。この店のスタッフは本当に感じの良い人ばかり。それは、もともと感じの良い人だけを採用するというポリシーがあるからです。他社でどんなに販売成績が良くても、その理念に反する人は雇いません。企業として、販売力よりお客さまを満足させることができる人を求めているのです。

例えば、スタッフの中には、お客さまの希望にピッタリの商品がなければ、ライバル店で購入し、手数料を乗せずにお客さまに売る人もいます。自社の利益にならなくても、「顧客の将来に投資する」という価値に重点を置いているため問題ないのです。ここまで徹底すれば、他社にはなかなか真似のできない存在になります。

行列店に勝つ方法

ラーメン店Ａは大人気で、いつも行列が絶えない。「ここのラーメンは２時間待っても食べたい」と、メディアでもたびたび取り上げられている。地方にあるラーメン店Ｂの店主は、自分のラーメンはＡには到底及ばないと話していた。ところが、ＢはＡの直ぐ近くに出店するという。

どんな勝算があるのだろうか？

ヒント

♠ 逆に人が来ない店にするには？

♥ そもそもラーメン店に行くのはなぜ？

♣ 味以外の面で勝負できるところはないか？

♦ 行列の周りにあるお店を観察してみよう

答えの例

- A店で並ぶのに飽きたお客さまを狙う（お客さまは必ずしもA店のラーメンを食べたいわけではなく、話題だから並んでいる人もいる）。
- A店の行列を見てびっくりしたお客さまを狙う（行列に並ぶのは嫌だけど、ラーメンの口になっているお客さまもいるはず）。
- A店にないメニューを提供する（全く違う傾向の料理を提供するとA店とは別の客層を狙える）。

解説

人気の影にある「要望」をくみ取りましょう。

１９６５年まで新宿西口の一帯には、淀橋《よどばし》浄水場がありました。その後、浄水場は廃止となり、跡地はホテルなどの高層建築物で埋まります。この一角にカメラ店ができました。「ヨドバシカメラ」です。店が狭くなると、近くのビルを借りて店舗としました。同じ商品構成ではなくそれぞれカメラ館、ＡＶ・家電総合館、マルチメディア館などテーマがあります。デパートの専門フロアを応用したのです。

そして、その人気に便乗して、「さくらや」「カメラのドイ」「ソフマップ」「カメラのキタムラ」などが出店しました。

Q

問題⑩

ライバルに負けても喜ぶ経営者

コンピューター機器の製造販売をしているA社とB社。2社はライバルで、どちらも初心者向けのパソコンが大変売れている。

あるとき、A社は初心者向けのパソコンを大幅に値上げする。ほぼ同性能なのでB社にシェアを奪われてしまった。

しかし、A社の社長はしめしめとほくそ笑んだという。なぜだろう？

ヒント

売れなくなると、どんな良いことがあるだろうか？

「値上げ」のメリットは？

どんなお客さまが初心者向けのパソコンを買うのか？

コンピューターと関わりの深いサービスは何か？

答えの例

- A社は手間のかかる初級のお客さまを切り捨てた（お金を払っても良いというユーザーだけがA社に残るので、製品の値上げ分をサポート体制の充実に振り分けることができる）。
- A社は上級者を主要なお客さまにシフトした。
- A社は上級者向けのパソコンに主力をシフトした。

解説

１９８０年代、アメリカの２つのコンピューター販売会社の話です。デルは開発部門を持ち、都会的なイメージでお客さまの希望に合わせたカスタマイズが売りでした。逆にゲートウェイは、ホルスタイン模様をトレードマークにして、田舎臭いことを全面に押し出し、低価格で初心者向けというアピールをしていました。また、部品をすべて他社から調達していました。

もともとデルよりもゲートウェイは低価格でしたが、デルは初心者向けの商品の価格を上げて、逆に上級者向けの商品価格を下げる戦略にでます。結果、ゲートウェイに特需がもたらされました。しかし、部品をすべて他社から調達していたため、技術的なバックボーンがないという致命的な弱点が明らかになってしまったのです。そして、売れた分だけサポートが最悪だという評判が立ってしまいます。結果的にゲートウェイはブランドが消滅、台湾エイサーの傘下となりました。

第6章

実践！
ラテラルシンキングクイズ
「こんなところにも使える！」編

Q

問題❶

絶対事故る道

ある山道では、交通事故が絶えません。見通しの悪い道なので、路面には注意喚起が書かれ、道路は追い越し禁止のセンターラインが引かれています。カーブミラーを取り付けたり、ガードレールを設置したりして対策しても、いっこうに事故が減りません。事故をなくすにはどうしたら良いでしょうか？

ヒント

♠ もっと事故が起きやすくするには？

♥ 事故を起こしてしまうのは、どんな心理から？

♣ 道路以外の部分にも注目しよう

♦ スクランブル交差点で、人がぶつからない理由から考えてみる

答えの例

- あえて道路整備をやめてしまう。
- 砂利道にする（砂利が跳ねて自分の大切な車に傷が付く可能性があるので、おのずとスピードを落とす）。
- 警察官を増やして、スピード違反の監視を重点的にする。
- カーブミラーとガードレールを外す。ついでにセンターラインも消してしまう。
- ずっと工事中にする。通行止めにする。

解説

路面に「スピード落とせ」と大きく書いたり、「事故多発地帯」と書いた看板を道路脇に立てたりして、口酸っぱく注意しても「自分には関係ない」と考える人が多く、事故はなくなりません。ならば「ゆっくり走りたくなる」ようにします。

静岡県富士川町《ふじかわちょう》では、交通死亡事故に悩まされていました。そこで、センターラインをなくし、路側帯《ろそくたい》を広くしたのです。センターラインもなく道幅が狭くなると、ドライバーは緊張感を強いられます。それまでは、路側帯とセンターラインを超えるまで、安全運転を意識することはなかったわけですが、自分が走る道の基準がなくなったことで、運転に意識を集中し、自然とスピードを落とすようになったのです。

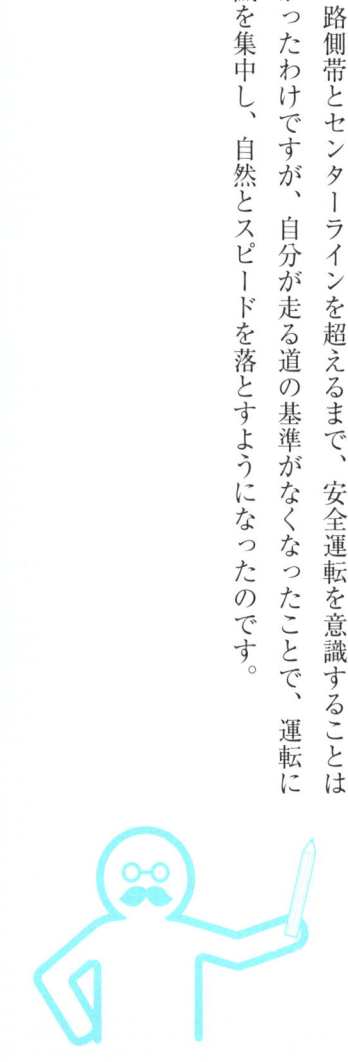

Q

問題❷

なくならないインク

基本的にボールペンは、万年筆のようにインクに付けなくても、書き続けられる筆記用具です。先端部分がボール状になっていて、インクを吸い上げて紙にのせる仕組みになっています。芯を太くすれば、もっとたくさんインクを入れて長く書けるようにできるはず。なぜ、インクは細いままなのでしょうか？

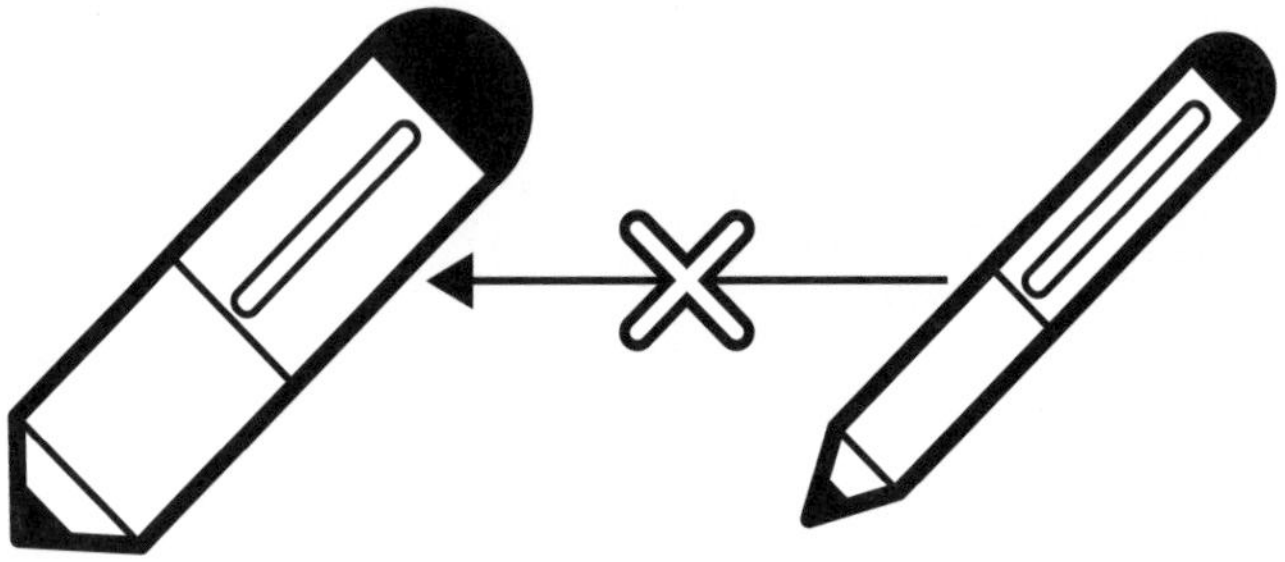

ヒント

♠ 長く使うと何か不都合がある？

♥ 早くインクがなくなると、どんなメリットがあるか？

♣ ボールペンの形に注目しよう

♦ インクを交換するタイプの商品には、どんな特徴があるか？

答えの例

- 長期間使っていると、ボールがすり減って書き味が悪くなるので、その前に交換できるようにしている。
- 長く使えると、新しいものを買ってもらえない。売り上げに影響が出ないよう、定期的に買い換えてもらうため。

解説

ボールの部分は常に、紙にこすられて減っていきます。すると、いくらインクがあっても書けなくなります。あえてインクの量を少なくして、インクが切れる頃にはボールもだめになっているという作りにしているのです。

ワイヤレスイヤホンや電動歯ブラシ、スマホなど、自分で電池交換ができないものも、電池の寿命と製品の寿命はだいたい同じと考えられます。

Q

問題❸

無許可のパンフレット

1912年にアメリカで大統領選挙があった。

キャンペーンの担当者は、セオドア・ルーズベルトの写真を載せたパンフレットを300万部印刷した。ところが、写真の著作権元に許可をとっていなかったことに気付いてしまった。

担当者はどのように対処したのだろう。

ヒント

パンフレットを刷りなおさなくて済む方法はないか？

「写真」の目的とは何か？

この写真の持ち主が本当に望んでいることとは何だろう？

お金で解決できるだろうか？

答えの例

●「宣伝になるから」と伝えて、逆にお金を払ってもらった。

解説

実際は、次のような電報を打ったそうです。

「当方、ルーズベルトの写真を掲載したパンフレット数百万部の配布を計画している。写真を提供したスタジオにとっては、またとない宣伝の機会になるだろう。あなたの写真を使った場合、いくら払っていただけるだろうか」。結局、写真家は「宣伝に使ってもらえるのなら」と、大喜びで２５０ドルを支払ったのです。

Q

問題④

ぼったくりを許すワケ

あなたはアフリカ南部のある国で、井戸掘りボランティアをすることになった。現地の業者は日本人だとわかると通常の2倍〜5倍の価格をふっかけてくる。ところが、現地の担当者は「5倍は論外だが、せいぜい2倍程度までにする」という。

なぜ、2倍も払うのだろう？

ヒント

♠ 払わないと何が起こるのか？

♥ お金で買えないもの、買えるものは何だろう？

♣ 払った分はいつかどこかで回収できる？

♦ 目に見えない利益を得られる？

答えの例

- 普段から多めに払い、内戦が起きたときに「金払いの良い日本人は金づるになる」と思わせて、殺されないようにするため。
- 現地の業者から工事発注のワイロを受けとるため。

解説

政情が不安定な地域では、常識の基準が違ってきます。お金の使い方は、人や状況によって変わるのです。

田中角栄《たなかかくえい》氏は、資金繰りに訪れた代議士に希望額より多くの資金を提供しました。３００万円欲しいと言われれば、５００万円包んだそうです。中身を見て驚く代議士に、角栄は「選挙で苦労した連中に、残った金でうまいものを食わせてやれ」とだけ言いました。その夜、代議士は布団をかぶって泣いたそうです。それから、彼は角栄がピンチのとき、真っ先に駆け付けたことは言うまでもありません。お金の使い方が巧みな角栄氏のエピソードです。

Q

問題❺

遅刻をなくせ！

ある小学校では、休み時間の終わりを告げる予鈴が鳴ると、生徒たちは急いで教室に戻る。しかし、校庭の端にいる生徒はいつも授業に間に合わない。

どうしたら授業が始まる前に、教室に入れるだろうか？

ヒント

♠ 予鈴のメリット・デメリットは何か？

♥ 予鈴は何のためにあるのか？

♣ 予鈴の鳴るタイミングはどうか？

♦ いつも遅刻する人を観察してみよう

答えの例

- 予鈴をなくす。
- 校舎から出ないようにする。
- 校庭の端に遊具などを置かない。

解説

予鈴があると、鳴るまで遊んでいても許されると思ってしまいます。予鈴がなくなれば、生徒たちは自分で時間を管理しなければなりません。実際に、通勤時間帯に電車の駅で鳴りっぱなしの「発車ベル」をなくして、駆け込み乗車を減らそうという試みもあります。形骸化しているものをやめようという例です。

海外のＬＣＣは、定刻が来るとすぐに飛び立ちます。もし乗客が現れないとしても待ちません。そのため、乗客は乗り遅れないように時間より早めに集まります。さらに、乗客全員がエアバスに乗った時点で出発してしまいます。だから、早めに目的地に到着することもあるのです。

おわりに

昭和の日本は「『欧米』というお手本の通りに進めば良い」という考えでした。しかし、バブル経済後、平成に入ってから何かがおかしくなります。それまでの成功法則が使えないのです。現在は何を信じれば良いかわからない状態になってしまったように思います。

そこで、答えを探しに本屋さんに行ってみると、ビジネス書のコーナーには実にさまざまな本が並んでいます。しかし、読者のみなさんが置かれた状況は千差万別です。本のノウハウは、あなたを取り巻く環境によっては使えないこともあるでしょう。会社の規模は大小さまざまですし、本が書かれた時代や読む人のタイミングも異なります。

しかし、もし本に書かれていることが全くそのまま使えたら、そのビジネスは「いつでも誰でもできる」ということになってしまいます。すると、いずれ自動化されてＡＩやロボットが行うようになるでしょう。

経営者や仕事上手な人は、歴史小説が好きな人が多いようです。彼らは小説を読みながら、「自分がその状況だったらどう行動するか」というシミュレーションをしています。その思考を繰り返すことで、実際のビジネスシーンでもその能力を生かして行動することができるのです。

みなさんも本の中から、ご自身のビジネスに当てはまる部分を探してみましょう。たくさん本を読むうちに、ご自身が困っていることとの共通点が見えてくるはずです。これは抽象化の力を鍛える訓練にもなります。

私が全国を回って研修をした結果気付いたのは、地方ほど目の前の問題に真剣に取り組んでいるということです。地方は何もないから、必死になって魅力を見つけたり作ったりしてアピールしないと、若い人はみんな大都市で就職してしまう。すると、働き手が減って高齢化が進み、どんどん閑散としてきます。

しかし、最大のチャンスは武器もお金も何も持っていないときにこそやって来ます。これは組織のみならず、人にも当てはまります。お金がない、時間がない、人脈がない。そんな人こそ、実は一番逆転に近い場所にいるのです。お金があると知恵を使いませんし、時間があるときはなかなか行動しません。人脈がある場合は人任せになりがちです。

何もない状況下では、考えるしかありません。「何もないから何もできない」と思考を止めていては、世の中の流れに翻弄されてしまいます。最大の敵は何もしないことなのです。頼れるのはあなたの思考力だけです。ラテラルシンキングはあなたの考える力を助けてくれるでしょう。

この本は1回解いて終わりのクイズ本ではありません。答えはひとつではないので、何度も解いて練習してください。煮詰まってしまったときは、文書を眺めているだけでも解決策が見つかるかもしれません。思考の波に乗って、新しいアイデアを発見する楽しさを味わってみてください。

最後にお礼。

総合法令出版の大原彩季加さん、イラストの横内俊彦さん、大口太郎さん、ありがとうございます。

もし、ご質問やご意見がありましたら、創客営業研究所（info@soeiken.net）まで、お声掛け下さい。

本書が少しでもみなさんのお仕事の役に立てましたら幸いです。

※日本におけるフラッシュ@ブレイン（フラッシュブレイン）Ⓡのすべての権利は創客営業研究所が所有しています。

木村尚義

参考

〈訳書〉

・エドワード・デボノ著／白井実訳『水平思考の世界　電算機時代の創造的思考法』（講談社）１９６９年

・エドワード・デボノ著／高村正憲訳『水平思考5日間コース　誰にでもできる自己開発法』（講談社）１９６９年

・ポール・スローン著『イノベーション・シンキング』（ディスカヴァー・トゥエンティワン）２００７年

・エミリー・ロス、アンガス・ホランド著／宮本喜一訳『100Inc. 世界的企業１００社のターニングポイント』（エクスナレッジ）２００７年

〈和書〉

・多湖輝著『頭の体操ＢＥＳＴ』（光文社）２００９年

・山口芳生著『サイゼリヤ革命』（柴田書店）２０１１年

〈雑誌〉

・『阪急沿線の本』（ＪＴＢパブリッシング）２０１７年

〈ＷＥＢメディア・ＴＶ〉

・がっちりマンデー　サイゼリア（ＴＢＳ）２００８年9月14日放送

・55歳で起業―10分／１０００円のヘアカットで新しい価値基準を提案（ITmedia エグゼクティブ）２０１１年４月25日

・カンブリア宮殿　心に寄り添って営業中！　小さな〝感動食堂〟スペシャル（テレビ東京）２０１７年3月30日放送

・「親子丼」発祥の店に行列がとまらない！　老舗『鳥料理　玉ひで』が伝承してきた味づくりの秘密【人形町】（dressing）２０１８年4月４日

・50分の手伝いで「ただめし」話題の「未来食堂」は今（FRYDAY DIGITAL）２０１８年10月４日

木村尚義（きむら・なおよし）

日本で最も多くラテラルシンキング（水平思考）の書籍を執筆している、ラテラルシンキングの専門家。

トランプを使った発想ゲーム「フラッシュ@ブレイン®」の考案者。

株式会社創客営業研究所代表取締役。アカデミーヒルズ六本木ライブラリー公認メンバーズコミュニティ個人事業研究会会長。

ソフトウェア開発会社でSEとして勤務した後、OAシステム販売会社にて不採算店舗の再建を命じられ、ラテラルシンキングを駆使して5倍の売り上げアップを達成。その後、外資系IT教育会社にて、数多くの研修を行い、受講者は3万人を超える。

2008年に株式会社創客営業研究所を設立し、商社、通信、銀行、保険などの全国の企業や自治体、官公庁へ逆転の発想セミナーを実施。訪問企業は1000社以上となる。

『ずるい考え方　ゼロから始めるラテラルシンキング入門』（あさ出版）、『NOロジック思考』（KKベストセラーズ）、『考える力を磨く1分間トレーニング』（かんき出版）など著書多数。

天才たちの思考法
図解でわかる！　はじめてのラテラルシンキング

2019年12月21日　初版発行

著　者　木村尚義
発行者　野村直克
発行所　総合法令出版株式会社
〒103-0001 東京都中央区日本橋小伝馬町15-18
ユニゾ小伝馬町ビル9階
電話　03-5623-5121
印刷・製本　中央精版印刷株式会社

ISBN 978-4-86280-721-2
総合法令出版ホームページ　http://www.horei.com/